笔走课堂

BI ZOU KE TANG

杨立新 著

全国百佳图书出版单位
APGTIME 时代出版
时代出版传媒股份有限公司
黄山书社

立新之言，表心之情

——写给正在阅读《笔走课堂》的你

三年前，那个孟冬午后，《原风景》和《迷恋成长》让我在小餐桌前忘了上班时间；去年读《家事》，暖了仲冬夜；今年季春，高铁上4个多小时《笔走课堂》，差一点坐过站。这就是杨立新老师的文字给我最直接的阅读状态。

若用两组词语给正在阅读的你速写立新老师——“勤读、善思、尚美；见新、言新、立新”是我最直观的表达。

《我的读书》《无言之美》让“勤读、善思、尚美”跃然纸上。

连续11篇《我的读书》会让你欲罢不能。

那里有生活馈赠立新老师的真实与厚重，更有读书褒奖她的沉淀与薄发。在立新老师看来——

童年时抄习题，做习题，是一种读书；师范假期，一边帮父母干农活，一边看课外书，也是一种读书。为了自学考试，恶补式读；恋爱、结婚、生子，事业发展的十年，起早带晚读；学校教育管理时，捧着“大部头”一点点“啃”；小学语文教研工作中，研究语文，研究课堂，研究孩子，“书呆子”式一本本读；十年课改，读教育名著，读名人传记，读名家论阅读、论写作……

当我感到生命中需要大量阅读时，已是中年，忙忙碌碌，不得时间和心境。既得时间和心境时，眼睛已经不是很配合了。好在阅读时，能理解、感悟到书中更多的趣味……读书，最好的日子，乃是当下。

只有历经岁月洗礼，回首才会如此静水深流。

《无言之美》的15篇文章，会让你惊叹“杨眉”下一双慧眼，“杨笔”中一副别才。

未成曲调先有情，生活还可以是这样。请和我浏览这些文章标题——

《金银花》《红叶李》《樟树之香》《惊人石斛》《踏雪寻梅》《素描山林》《初春的鸟窝》《初夏的田野》《红茶过往》《紫砂壶的美》《一个人的音乐》《奇妙的瑜伽休息术》《我的小院子》《我老家》《一生的画面》。

《无言之美》充分体现了立新老师言语表达的高妙。

“叙述的快慢节奏”把握恰当——

落光叶子的树，搭在枝桠生发点上的鸟窝，黄褐色干瘪的茎上开着黄花，长着绿叶的石斛；紫砂壶器形与色泽的细致描摹；瑜伽休息术最后时刻的心理体验……她都能根据事物本身的意味，掌控笔速的流动。因此，这些文字是具体的、特征的、灵性的。

“过去的现在化”走笔从容——

这种笔法叙述，在其散文集《原风景》中已有足够证明。朴实的土地、血脉的传承、坎坷的际遇……与其说读她的文字，倒不如说被邀请共度她真实的生活。她写作的读者意识，让《我老家》《金银花》不再是静态物语，而是一汪水灵灵的童谣；《一生的画面》更像一部老电影：悠悠长长的镜头下，一个背着母亲缝制的布书包赶路上学的小姑娘，踮起脚，抽开院子大门栓，打开两扇木门，吱呀声里看到凌晨水塘神奇地将皎洁月光、璀璨阳光抱满怀的惊叹。小姑娘独自跑过秋日……跑向雾气霭霭的冷冬，跑向上学的必经之路——村庄后面的鬼塘埂，穿浓雾，经惶恐，汗涔涔地跑向希望的方向……

看到这里，你的心一定会和我一样随之奔跑，跑得心疼却也跑得富足。读这《一生的画面》，让我明白立新老师的文字里为何总有一股生生不息的力量，为何于不经意处总有莞尔一笑。

这样的文字属于立新老师，也只能属于立新老师。不仅因为这是单单属于她的生活，还因为她所拥有的生活美学。我们正是从这样的文字中愈发清晰地认识“勤读、善思、尚美”的含义。更重要的，我们可以被启示：放慢脚步，美就在身边，且我们都是能够“我手写我心”的。

刚刚一起读了生活中的立新老师，现在请你继续和我读读工作中的她。

《笔走课堂》《教育之思》将“见新、言新、立新”层层深入。

立新老师是安徽省第八批特级教师，那是2006年，那时她还在合肥市长江路第二小学，那时省特级教师少之又少，评起来自然就难上加难。她小学语文教学近30年的追寻与思考，可在《迷恋成长》一书中细读，无需我赘言。

这10多年，立新老师一直从事小学语文教研工作。我正是于此工作中和她认识并通过各种教研活动加深了解的。案前这本《笔走课堂》大半内容都与其教研工作有关。正如她的名字，立新老师立足教研，多角度为我们呈现了一个“新”字。

见新——“实践之新”，课堂教学中的发现。

区里的每一次课堂教学观摩活动，通知下方一定会有一条：“自带教材或打印课文纸。”带着教材听课，就是要将作者、编者、教者、学习者与听课者关联起来。这样才能在听课观课中有全方位的思考、有针对性的思考。立新老师发现了多维对话的重要性，并不遗余力地付诸行动。这不仅是她对自己的要求，也是对听课老师的要求。她文中有一句话——“虽然每次还有老师没带教材听课，但是他们将来的某一天会明白的。”正在阅读的你，会明白吗？

《教什么，怎么教》《学什么，怎么学》《话说“整体感知”》《“读写结合”问题的设计》《导入之法》《教学片段比较》《如何达成“这一个”》《习作单元课文教学设计》……每一篇文章的切入点均来自她对真实课堂教学的敏锐捕捉。一旦发现老师们的教学闪光点，就倍加珍视与呵护，哪怕是刚刚走上讲台的小丫头、毛头小伙子，她也不吝赞美之词；当然，若是发现了问题，就算是一笔板书、一个手势、一句评价的用语，她也会不留情面地加以指出。指出问题并不是目的，立新老师一定会用自己丰富的教学经验去提醒、去指正。手把手地教，帮助老师们在实践中“见新”，老师们因此获得了不断修正、不断完善的机会，这“新”名副其实。

亲爱的你，读读这些文章，也定能同我一样，感受到一个亦师亦友的立新老师。

言新——“理念之新”，教研活动中的倡导。

教师要成为“实践中的反思者”，立新老师正是这样做的。知其然还要知其所以然，要做语文教学的明白人。近些年，她带领的庐阳小语团队，教学成果丰硕。这都得益于她的实践和思考，以及深思之后的创新。细读《笔走课堂》和《教育之思》里的篇章，读到立新老师在平日教研活动中的倡导，看到其教学理念在课堂教学层面的操作性转化。《“变序”当慎重》《又是“出示生字新词”》《作文指导过度了》，有着立新在深入教学实践中、把握语文教学本质后的观念之新、教学行为之新；《说“学校文化”》《教师的倾听》《上课用耳麦好吗》《像正常人那样去说话》等文章，是立新对于教育中儿童本位的思考，是发自内心对于儿童的爱。这样的爱，必然是在课堂教学中，让她提出了这些尊重儿童，爱护儿童，蹲下身子和儿童对话的温馨做法。

读了这样的文章，也许你会怦然心动，善于思考的你曾经不也是有过类似的想法吗？只是立新老师付诸笔端，并做了系统化深入的思考。

立新——“构建之新”，教学研究中的思考。

同为一名教研员，我有幸多次参加过立新老师组织的教研活动，愈发感受到她具备一种可贵的品质，即“反思中研究”。对语文教育，她有自己的判断和理性思考，她不人云亦云。对有悖教育规律的“怪相”，她总能并敢于发出自己清醒的声音。对工作，从校本教研的跟进到区域教研的引领，从单篇教学的指导到基于问题解决的主题教研，从研究教师的教到研究学生的学……都能听到她反思、研究之后的话语构建。于我而言，便有了“立新”这一说。建议正在阅读的你细细去读《教育之思》这部分内容。

读有所获、读有所思，读有共鸣、读有碰撞，读有成长、读有幸福，这就是阅读最好的姿态。

很巧，写这小序的日子正是五四青年节，正值五四运动一百周年。“实现中华民族伟大复兴，是一场接力跑。我们有决心为青年跑出一个好成绩，也期待现在的青年一代将来跑出更好的成绩。”这是总书记在纪念五四运动一百周年大会上的一段话。此刻，我想说的是，立新老师不正以她“勤读、善思、尚美”的生活姿态，“见新、言新、立新”的工作状态为庐阳的小语人领跑吗？这群年青一代的小语人也正在为他们所迷恋的孩子们的成长而奋力奔跑着！

我已经看见了……

安徽省小学语文教研员　周　玲

2019 年 5 月 4 日

目录

无言之美

笔走课堂

我的读书

小时候读书

——我的读书(一)

童年时,我几乎只读教科书:语文、数学、自然。

每天早上到了学校,总是跟着全班同学小和尚念经——有口无心地大声“唱读”,不用仔细看书,跟着同学们一起扯着长长的调子读书、背书。

现在回想起来,居然想不起来都是些什么课文,只记得《董存瑞舍身炸碉堡》《邱少云》和《刘胡兰》。这几个英雄人物还是在后来的图画书和乡村大屏幕电影中,通过不断观看而留下深刻印象的。

另外还记得《老炊事员复员了》这篇课文,原因是有一个留级三年的同学吴章福,每次老师让他读这篇课文的时候,他总是把“老炊事员复员了”读成“老炊事员夏员了”。老师后来一看见吴章福,就戏谑地说:“老炊事员夏员了。”

对于这件事,我记得很牢。

到了小学二三年级时,不知哪来的图画书,被我们称作“小人书”,让我们很着迷,一借到小人书,一定是连天带夜地看,上课看,下课看。回到家里,放猪时候看,看着看着,一抬头发现猪不知跑到哪儿去了,顿时惊起一身冷汗。

“小人书”的内容,基本上都是战争题材,如《铁道游击队》等,还有四大名著的浓缩版,我最喜欢看《西游记》和《水浒传》。“小人书”都是黑白插画,简易印刷,手掌般大小,可以揣在口袋里,也可放在床头底下,反复看,最后都成一个个“蘑菇卷”了。

到了五年级的时候(那时候小学的学制是五年),同学不知从哪儿搞到了《青春之歌》和《创业史》这两本书,我如饥似渴地读着。

那时候,不仅是物质食粮匮乏,精神食粮也是极度缺乏。

我看得如痴如醉，特别是看到《青春之歌》一书中主人公林道静和余永泽的恋爱情节时，似乎看到了另外一个世界的灿烂。在我生活的小村庄里，只看见过新人结婚的喜庆热闹；只看见小两口在田地里不声不响地埋头干活；只看见夏天的夜晚乘凉时，小伙子乘着夜色，悄悄地揪上小姑娘一把，哪里知道还有叫“爱情”这个东西。虽然书中直接描写爱情的场面很少，基本上都是在革命的过程中点上几笔，但已经让我领略到了心灵层面上的爱情。

《创业史》中，讲的基本上都是阶级斗争，打土豪分田地，红红火火干事业。那波澜壮阔的新农村场景和我生活的小村庄形成了极大的反差。

但有一点是共同的，《创业史》中的地主，我们村里也有，就在村子的最后边一排茅草屋里住着。

从此，在我的心中，有了敌人，就是我们村子里的地主。

回想起来，我们村子里的地主个头矮小，我远远地看见他时，就会挺起胸，将头转向别处，一副与他不共戴天的模样。我从记事起，就没有跟地主说过话了。读了《创业史》这本书后，我就更加仇视地主了，也开始树立起人生的对立面。

人生很怪，似乎有了对立面后，世界才是完整的。

因为阶级斗争，我更加热爱我的“贫下中农”成分。

上学填写履历表，总有“成分”一栏，每每我都自豪地填写上“贫下中农”。甚至还想过，为什么不是“贫农”？“贫农”似乎比“贫下中农”还要“红色”一些吧。

至今，我都不是太明白，“贫下中农”和“贫农”的区别。但在那个年代，心中以为“贫农”比“贫下中农”的成分还要好。

上了初中，我几乎没有读过什么课外书。

那个时候，快要“包产到户”了，每家在夏秋季节都会分到一两块田地，需要割稻子、山芋秧子等。我父母每天去学校教书，早晚才可以回来干农活，于是我经常被父母告知，今天不要去上学了，在家割稻子。我三天两头缺课，数学都稀里糊涂搞不懂了。

一连缺课十几天。有一天，父母告诉我，不要读书了，在家干活吧。

我默不作声，但内心倔强地回答：我不干！

一个春天的傍晚，班主任李映发老师在教室门口的水塘边，跟我说：“你这个农村小丫头，考不上学校有什么出路啊？”

我顿悟。

于是，我将父亲办公用的一叠白纸摞起来，用针线订了个本子，从数学书上第一课习题抄起，做习题，直到做完整本书。这是让我的生命出现转机的一项举措。现在回想，意义重大。

抄习题，做习题，这也算是一种读书吧。

2016 年 2 月 5 日

欣欣然，睁开了读书的眼

——我的读书(二)

在师范院校学习四年,我读的课外书不多。

那四年是我读外面世界的时间。从闭塞的偏远农村来到城市,好多东西都令我欣欣然:马路上的汽车,闹市区的人来人往,四牌楼的大型百货商场……

星期天不上课的时候,走在人头攒动的大街上都生怕自己走丢了。城市里有太多的事物需要我去阅读、认知:公交车路线、站牌,回家的路线、汽车站……学校里有很多的老师和南来北往的同学,一时间有点恍惚。

记得在七八岁时,我和村里的小伙伴们相约去马路边(童年时随大人们把公路称作马路)看汽车,沿着乡村小路一直走了三四里,才来到马路边等待汽车的到来,约摸 10 分钟的时间,远远地来了一辆汽车,我们激动地欢呼跳跃。

上初中前生活在只有十几户人家的小村庄里,几乎没有跟周边人交往的经历;即便家里来了客人,亦是默不作声地躲到另外一间屋子里,如实在迎面撞上,也是羞涩地溜到一边。

这样的童年经历,使我来到合肥城后,一时间,感觉眼睛是看不过来的。

欣欣然的心情,受到城市新事物的冲击后,一直躁动着。这样的心理状态,必然是静不下心读整本书的。

况且,那时读师范院校时,我才开始接触音乐、体育、美术一类的课程,居然还有英语。一时间,我的心灵不断地被充盈,激情不断地被点燃。加上专业课程,我就在欣欣然中忙碌着,忙着各种科目的学习及考试。

各科学习,虽然也有阅读,但不是完全意义上的读书。

假期很长,长得很过瘾。那时回家一边帮着父母干农活,一边也看看课外书。有两段读书的经历尚有印象。

一段时间读从学校图书馆借来的《福尔摩斯侦探集》，侦探故事非常精彩，扣人心弦，捧上手后就放不下来。凉风习习的茅屋里，我一个人坐在竹床上看啊看，看到入迷，人也入境了：感到竹床底下都有罪犯坏人似的，吓得丢掉书，忙不迭往竹床四周看看有没有坏人。

好书总是能带你入境，让你不能自已。

还有一次假期，我附庸风雅，也借了一套《红楼梦》回家阅读。

《红楼梦》中错综复杂的人物关系，以及宏大的场面描写，让我这个古文功底和阅读功底都很差的人无法领略其中的妙处，但是我对于宝玉、黛玉、宝钗之间的爱情描写，倒是读得很细致。读书就是读自己，那时的我正值豆蔻年华。

以欣欣然的心情看世界，以欣欣然的心情开始了我的求学过程。我将更多的精力都用在读教科书，迎接各类考试上。四年被评为"三好学生"，三年拿了奖学金，曾经让我暗暗地美了很久。那时的我不觉得读书太少，更没有像"亲近母语"的主持人徐冬梅那样，进入图书馆如饥似渴地去大量阅读。

身边有位男士，知识丰富。做出版事业红红火火，精通书刊编辑、排版；谈论文学，古今中外名著能滔滔不绝；交流收藏，什么红木、黄花梨，从产地、时间都能一一分辨；即便是教育孩子，他也能辅导孩子的各门学科。何故？他说在大学期间，将文学院图书馆中的藏书读了个遍。

无独有偶，"亲近母语"的主持人徐冬梅女士，将"亲近母语"事业做得蒸蒸日上，全国各地很多教育工作者、读书人跟随着她。我也非常喜欢"亲近母语"，当然也钦佩徐冬梅老师。有一日，面对瘦小身型的冬梅，忍不住问她："是什么让你有如此的大志和力量，积极推进'亲近母语'事业？"

冬梅说，她在读师范院校时，将图书馆的书几乎读完了；她热爱读书，后来留校任教。在接下来的读书和思考中，她觉得当一位老师还不能改变中国当前的阅读和教育现状，于是她开始了"亲近母语"事业。

人的格局，是读书读出来的。

相比较而言，我的大学是为了考试而努力，虽然得到了好成绩，但是阅读的匮乏，使得我后续乏力，在人生的后一阶段中，我只有奋起直追了。

2016 年 2 月 6 日

考试，也是一种读书

——我的读书(三)

从80年代末到90年代末，我读了不少书。

那个10年，也是我恋爱、结婚、生子、事业发展的10年。每天看书的时间，只有起早带晚了。节假日，除了回老家，也用来读书了。

从中国现当代文学到古代文学，再到外国文学；从中国现当代文学史到古代文学史，再到外国文学史；从古代汉语到逻辑学；从中国革命史到中国通史；等等。

严格地说，那个阶段的读书不是真正意义上的读书，那是为了自学考试。

涉猎的文学作品，我并没有通读，而是提纲挈领地读读主要内容梗概，再把握作品的内涵情感和写作特色等，可谓浮光掠影。

每本书，甚至是每一套书，我也只是围绕自学考试的考纲，有选择地看，有选择地背，可谓“断章取义”。

每一类别的书籍，如遇我喜欢的，会沉浸其中读一通。如《红楼梦人物解析》那本书，我是认真细致地读了一遍，被那一个个活灵活现的人物所吸引。可遇到那些我不感兴趣的，则仅仅是画画重点、背背答案而已，比如《中国革命史》，什么时间、什么战役、历史意义等，我背得很艰辛。记得那次考试通知单下来后，《中国革命史》我只考了60分，当时手心都冒汗了，要知道，少一分，这门科目还要再考一次，意味着我还要痛苦地看几遍，背几遍。

其实，那10年间的读书，只能算是应试。

那时的读书，不是自由地读书，不是感兴趣地读书，也不是为提高境界修养地读书。那时读书功利性太强，目的性太明确，就是奔着提高学历而来的。

在还是单身的时候，我和同学侯华菊常常抱着书本一起看，一起背，看累了，就一起交流，互相问问、说说。那时侯华菊在合肥市安庆路第三小学，我在合肥市长江路第二小学（简称“长二小”），几分钟的工夫就走到一起了。

我们背那个唐诗宋词，背那个古代汉语知识，背得昏天黑地，因为没有“童子功”啊，那时真算是“恶补”了。只可惜考完试没几年，唐诗宋词和古代汉语知识基本上都“还”给书本了。

读各类文学作品选，倒是件愉快的事情，比如大仲马、小仲马的作品，比如莫泊桑、卡夫卡的作品等，还比如中国现当代的文学作品《边城》《春风沉醉的夜晚》《呼兰河传》等。即便是主要内容梗概，我也读得兴味盎然。

我应试的能力很强。自学考试，我从专科考到本科，所有学科都是一次性通过，最低分是《中国革命史》，60 分；最高分是外国文学，好像考了 96 分，让一起考试的人羡慕不已。当然 60 分和 96 分，实质意义都是一样的，这门学科过了。

考过本科以后，我接着又考了教育硕士。那时，爱人出国几年，孩子尚在幼儿园，我当时在“长二小”任教语文学科，当班主任，同时也是“长二小”的教导处副主任。那一次考试，让我的应试能力达到了极限。

考教育硕士，参考书既有文学类的书籍，又有教育专业类的书籍，同时还要考英语六级。就这个英语六级把我“坑”了，英语也就是到师范读书的时候才学了一点点，一下子跳到英语六级，那是找“死”啊。考试结果出来以后，我的总分超过教育硕士分数线 40 多分，但是英语单科我只考了 28 分。那一年教育硕士考试对于英语单科有特别要求，需 40 分。

那一年，我发誓从此告别考试，从此告别为考试而读书。

那一年，已是 90 年代末了。

人的行为背后，是潜意识在起作用。那 10 年为考试读书，估计是因为那年我初中毕业考上中专时，想继续上高中考大学，父亲说：“考上中专，就能转户口，吃上商品粮了。”于是，大学梦一直萦绕于我的潜意识之中。

以至于后来别人给我介绍男朋友时，我的唯一要求就是大学生。

20 世纪初期，我从考试的梦中醒来以后，发现一路考来的文凭，对于我的生活工作似乎没有多大的用处。那时，我担任了“长二小”的副校长，走上了行政岗位，开始从仕途角度思考问题了。

考试、读书，好像是书呆子的生活。其实外面的世界更精彩，当然也远比书中要复杂得多。具体的人事，也不比考试的试题简单。我常想，花了那么多的时间和精力读背和考试，好像没有太大的用处。如果我把心思用在人和事上呢？

当然，没有如果。

命运的转机，有时就在回眸间。

2007年末，我来到了庐阳区教体局教研室，从事小学语文教学研究工作。我又回到了书呆子的生活状态，读书、写作、研究语文、研究课堂、研究孩子。

让我欣慰的是，那个10年为了考试恶补的书籍，时不时地又浮现在眼前。那时的“囫囵吞枣”和“蜻蜓点水”，后来再阅读和思考时，又开始有了勾连和深入理解了。

原来，读书是一种人生的积累。读书的效益，是在人的一生中慢慢地释放的。总之，开卷有益。

2016年2月7日

“啃”教育名著

——我的读书(四)

当我开始致力于学校教育管理的时候,读书重心便指向了教育大家的书籍。

2000 年以后,我以一腔热血投身于学校的教育教学管理。教育的理想,让我在内心规划着学校管理的蓝图,如何带领出一批专业型的教师,如何营造一种教学研究氛围,如何打造出一个民主科学的课堂,如何培养出一群乐观自信、有进取心和责任感的学生。我有一种“以天下为己任”的感觉,其实当时,我也就是一个副校长而已。

人,有的时候,前行的动力,就是一种懵懂之下的冲动。

新课程改革在全国轰轰烈烈地启动,在这样的大背景下,我是“里呼外应”了,我的阅读自然开始指向教育专著。

我开始“啃”国外教育家的著作。

苏霍姆林斯基,是苏联著名的教育家,对其著作《给教师的建议》我很早就略知一二。最初是慕名而读,在经历十几年的教育生涯之后再读时,我感受更深。我常常是在读完一篇文章之后,将书合上,思绪沿着苏大师的教育思想继续行走。

一说到苏霍姆林斯基,人们必然就会想到他的阅读观:对于学习困难的孩子,那就是阅读,阅读,再阅读。还会想到,苏大师的课程观和课堂观。记得苏大师在教学一节课时,将一群孩子带到树林里,让孩子们观察大自然,做游戏,然后让孩子们用笔画下眼前的美好,用文字记录所见所感。他让孩子们在亲近大自然的同时,身心得到健康发展,同时各学科的教学也融合在这节课里。

苏大师,就是苏大师。

读杜威的《民主主义教育》，可能是受我国教育家们成长的影响，我对于美国教育家杜威极其崇拜。陶行知、胡适、蒋梦麟、陈鹤琴、张伯苓等都是杜威在哥伦比亚大学任教时的学生，他们在教育领域里都是非常有影响的人物。

我身边的本土教育家何炳章先生也在读杜威的《民主主义教育》，听说我在读，何先生很惊讶。其实，我哪里是读，简直就是在“啃”，而且“啃”不动。

《民主主义教育》这本书，估计读了五分之一的时候，我就实在读不下去了，最终搁置一边。但是因为仰慕，我对于杜威的实验主义哲学思想，以及他的“教育即生活”“学校即社会”和“儿童中心”“活动中心”“经验中心”等观念，也略知一二了。以至于后来阅读李开复的自传《世界因你而精彩》一书时，对李开复描述的美国课堂教学方法而产生了认知上的关联。

“啃”了杜威的《民主主义教育》，必然能深深地体味陶行知“教学做合一”的教育思想，也能更加深刻地领会我们本土教育家何炳章先生的“自育自学论”。

我啃的第三本外国教育名著，便是日本教育家佐藤学的《静悄悄的革命》。

初读《静悄悄的革命》，是在 2003 年的时候，当时正值新课程改革之始。一股股改革之风，让我们教育人兴奋得不知所向。各种教育思想和教育主张，让一线教师莫衷一是。但读了佐藤学的著作之后，我明白了，教育改革仍然是发生在学校里、课堂中的师生关系上，以及学生的学习方式上。

敬佩佐藤学，他深入日本的很多学校，听了几百节课，和一线教师一起研究，最后形成了他对于学校教育和课堂教学的本质性思考。

10 年以后，我又拿起了这本《静悄悄的革命》，在那么多关于教育的书籍中，这本不厚的小册子，让我深受启发。我细细地再读每一个章节，在字里行间感受佐藤学对于学校真正产生变革的论述，以及师生那种“倾听”关系的剖析。

特别是佐藤学关于学生“合作的、活动的、反思性的学习”以及学校教师、学生“学习共同体”建设的建议，真正切中了学校教育教学的命脉。

还有一本印象深刻的国外教育名著，就是加拿大教育家马克斯·范梅南的《教学机智——教育智慧的意蕴》。当时一看范梅南“教育学是一门迷恋孩子成长的学问”的著名教育论断，我就怦然心动。

他说：“教育学总是深深地凝结在大人和孩子关系的本质当中：一个际遇、一个关系、一个情境或活动变得有教育学意义。”

他还说：“教育学就存在于我们每天与孩子说话的情境中，教育学就存在于我们与孩子在一起的方式之中。即使是我们静静地聆听、扬眉、鼓励地点头、拥抱、转身或面带深情地吸引孩子短暂的注意力,我们可能都是出于教育学意义上的关心才这样做的。"

"好的学校与家庭具有同样的特点,如某种亲密和安全感。"这又带给我们什么样的思考呢?至少让家长和老师们会联想到,我的家及我的课堂,给孩子带来了亲密和安全感了吗?

我在整理教育随笔时,心中一直盘旋着这样一句话:教育学是一门迷恋孩子成长的学问。于是我的第一本教育随笔集就命名为《迷恋成长》,也算是我啃了《教学机智——教育智慧的意蕴》一书的所得吧。

"取法乎上,得乎其中。"

读教育大家的书,即便是"啃",也能"啃"得其一点"味"的。

2016 年 2 月 8 日

读书，也读人

——我的读书(五)

越来越觉得,读书当读我们的经典。如一棵树,想汲取更多的营养,需将树根深深地、深深地扎进土壤里。我们的"土壤",是千百年来我们中华民族的传统优秀文化。

经典太丰盛,几千年浩如烟海。

"经史子集"是经典,这当中的"四书五经"是教育人需读的经典。面对这浩如烟海的经典,我茫然无措,只能浮光掠影。

《论语》,带给我们的是"学而时习之,不亦乐乎";是"循循善诱,循序渐进";是"有教无类,因材施教";是"不愤不启,不悱不发"。

暮春时节,孔子带着学生去泗水河畔,沐浴着春风和阳光。他们或坐、或立、或蹲,这时水面波光粼粼,师生的情思一触即发,他们谈经论道,抒发才情,立下志向。

这是千古永恒最美的画面。几千年来,不可超越。

儒学,已是民族之学。

儒释道,已是慰藉人类灵魂的温暖,照亮人类前行之路的亮光。

《论语》解说的版本,我读过于丹的,读过李泽厚的,读过南怀瑾的,还读过其他人的。每一次,都让我渐渐接近,但是始终还未得进去,因为"童子功"不够。

"孟母三迁",是人人皆知的典故。从教育的元素上来说,强调了环境对于一个人成长的作用,也可以说是父母亲对于孩子教育重视的典范。

孟子的"性善论",更是为人的成长铺下了一层温暖的底色。

《孟子·告子上》:"恻隐之心,人皆有之;羞恶之心,人皆有之;恭敬之心,人皆有之;是非之心,人皆有之。恻隐之心,仁也;羞恶之心,义也;恭敬之心,礼也;是非之心,智也。”

教育,就是引导人向善的一面,让人性的光辉照亮前行之路。

曾经,去徽州的一处古民居中,看见朱熹的“朱子家训”。细读,有味。

朱熹,一生酷爱读书、讲学。他建立、修复的精舍学院就有四处。朱熹在母亲去世后,在家乡寒泉精舍里,著书、讲学、守孝。后殚精竭虑,不遗余力,修复庐山五老峰的白鹿洞书院,亲任洞主,著述讲学。白鹿洞书院,开创了后人几百年来兴办书院的模式,也是中国教育史上动人的篇章。

2013 年去福建的武夷山游玩,见朱熹当年讲学留下的踪迹,不禁感到温馨、激动。朱熹在武夷山九曲溪畔大隐屏峰脚下,创建了武夷精舍,潜心著书立说,广收门徒,聚众讲学。

朱熹后来又去湖南长沙任职,到任后,朱熹改建、扩建了位于湖南长沙岳麓山下的岳麓书院,空余时间亲自到此讲课,使岳麓书院成为南宋全国四大书院之一。

寒泉精舍、白鹿洞书院、武夷精舍、岳麓书院,朱熹为我们开创了读书人著书讲学的方式,这也是当今时代弘扬国学、提升文化修养的一种好方法。

现今,我们身边,各种书院纷纷成立,有秋浦书院、华夏书院、小筛子国学馆、樱洲书房、桐园学堂、浦江书院等。

朱熹,后人继续追寻。我曾研读他的《近思录》,吃不透。

去台湾到了阳明山,远远可看见一尊王阳明的塑像高高树立在山腰上。据说,蒋经国非常喜欢王阳明,在台湾效法王阳明开展了“新生活运动”。可见,王阳明对于现代人的影响到底有多深。

20 年前,刚认识我先生的时候,就看到他买来了王阳明的一本书,关于心学的。

《王阳明内圣外王的九九方略》就阐述了心学既是让人活得合理又滋润的心理学、教育学,又是无施不可的运用学、运筹学,是能靠随机应变就恰到好处的道德心术,是东方智慧的精华。

王阳明的“致良知”和“知行合一”的理念,远远超越我们当前校园文化建设中那些浅薄的关键词。

可喜的是,我们在新农小学程仕中校长的校园文化建设中,见到了“致良知”一说。

如何学而致之，力行之道也，即“知行合一”是解决所有时代问题的不二法门。先生提倡在实用力行中解决实际问题，是为真知。

孔孟之道，朱子家训，阳明之说。浮光掠影之后，将再说一人，那就是明代的袁了凡。

偶然间，我遇到了《了凡四训》一书。

就一个故事，已足以让我对袁了凡钦佩不已。故事讲述了袁了凡是如何通过行善改变了自己的命运。了凡在很小的时候，算命先生给他算了一卦，大概说他活不过40岁这样。了凡及家人经过高人云谷法师的指点，接下来每天行善积德。每天家人做了多少善事，了凡做了什么善事，一一记录在册，也是家人为了督促每人每天行善的一种方法。

结果是，了凡不仅活过了算命先生所说的年岁，而且后面的人生发展得非常好，成为明代的思想家、教育家。

《了凡四训》是袁了凡先生为教育子孙后代所写的四篇家训，虽然文章篇幅短小，但是寓意深刻，兼容儒释道三家思想。该书分为“立命之学”“改过之法”“积善之方”“谦德之效”四章，论证“种瓜得瓜”“善有善报”“积极进取”“有愿皆成”之理；相信人的命运非由天注定，人们可以掌握自己的未来，改变自己的命运。

行善，不仅是一个伟大的思想家、教育家所为，也是一个有修养、有境界的人需要做的，更是一个教育人所必备的职业素养。

教育的灵魂是爱，爱的根，基于人的善。

2016年2月9日

读书，一路前行的明灯

——我的读书(六)

“改革之风,吹遍了祖国的大江南北。”

这是七八十年代的小学生写作文时开篇的语言模式。

课程改革如春风,我们一大批教育人如春天的小草,揉了揉惺忪的睡眼,欣欣然起来了,随着春风尽情地舞蹈着。

各种各样的高端培训,接二连三地到来,我们从中认识了一大批教育名家。我最喜欢的名家既是教育行政领导,又有学术背景,或者说致力于学术研究。这样的教育官员作报告和写书都很精彩,关键还能将教育思想落实在行动上。

顾明远,中国教育学会会长,是我仰慕的大家之一,我的很多教育文章,都会引用顾明远先生的话语。我慕名买来了他的《野花集》一书,顾明远先生在序言中,就倡导了“随笔”这一语言形式。他说:“随笔的形式便于从清规戒律中解脱出来,进入更为自由的天地驰骋。我们有理由相信,一批在学术领域颇有建树的学者,运用随笔这一形式,更能展现他们的个性风采。”

于是,后来教育随笔成了教育人言语表达的主要方式,再后来还有教育叙事的言语方式。顾明远先生给教育人带来了“教育的大自然”。

曾几何时,朱永新的新教育如一股巨大的旋风,将我们一群有教育热情的人带了进来。他作为苏州市的副市长,分管教育,对教育有如此深入的理解,真的让教育人对他“爱罢不能”。

我买来了朱永新的几本书,有《我的教育理想》《写在新教育的边上》等,如饥似渴地读起来,江浙沪的教育文化氛围感染着我们。在他的书和报告里,我们领会朱市长的教育思想、理念,以及具体的做法。

对于朱永新的新教育六大理念,当时的我反复思考,并运用在学校建设中。

实验的六大项目是:营造书香校园;师生共写随笔;聆听窗外世界;熟练运用双语;建设数码社区;创建特色校园。

营造书香校园,至今仍是我们追求的校园文化至境。师生共写随笔,也是理想教育生活的一种呈现。为了提高英语教学的水平,双语实验更是一种前所未有的创造,用现在时髦的说法,是一种课程建设。当时我在“长二小”认真投入地和老师们实验了一次,那可真是一个字,叫“拼”啊。

走在教育之路上,随时都可以碰见高人。

这不,遇见了教育大家李希贵。李希贵当老师,当校长,当教育局长都有高招,是那种不媚从世俗,总有自己的办法,而且符合教育本质规律的高招。

我看了他的《为了自由呼吸的教育》和《学生第二》,心中顿觉明亮,似来到了山清水秀之地,清新之气迎面扑来,“含氧量”极高啊。

我们一味地跟着舆论强调以学生为主体,教师是为学生的成长而服务的。其实,真的是这样吗?李希贵提出了“学生第二”一说,没有教师的成长,就不会有学生的成长;没有教师的幸福,就不会有学生的幸福。

每每在教育问题上矛盾思考的时候,大师的一个观点就给我们普通教育人以明示,也是一个印证。

后来,李希贵的新书一出来,我就眼睛一亮。他到美国出访时,写下《36天,我的美国教育之旅》,我是一口气读完的,跟着李希贵一起领略美国的教育艺术,既感叹美国教育的自由、开放、民主,又感叹李希贵的治学精神。他每天都将在美国的所见所闻记录下来,不论是什么样的身体状态、工作状态,每日如此。

这是一个真正的教育人。他是用心在教育之路上行走。

在接下来的教育之路上,所遇高人不断。华东师范大学著名教授钟启泉、叶澜、郑金洲等,福建师范大学教授余文森,华南师范大学教授刘良华等,他们的思想和著作都给了我太多的影响。钟启泉教授翻译了几本佐藤学的教育著作,如《静悄悄的革命》《学校的挑战——创建学习共同体》《教师的挑战——宁静的课堂革命》等,让我们对于教育现象和本质予以深入思考。

说到叶澜教授,记得有一次,在上海一所学校听课,一帮教育人纷纷走进教室后面,等待上海老师带给我们一节创新课堂。开课伊始,发现教室的左前方,拐角处,叶澜教授坐在那儿看着面前上课的孩子们。后来才知道,叶澜教授认为,看一节课如何,主要看课堂上孩子们学习状态如何,是如何学习的,学得怎么样。

郑金洲、余文森、刘良华等教授，他们的教育叙事，给我们带来诸多启示。记得我在阅读刘良华的《教育自传》一书时，就如看小说一样，书中语言轻松幽默，叙事情真意切。这对后来我用随笔写童年影响很大，真诚、自然，去雕饰，去浮华。

教育行政官员、大学教授，都在写书。校长、教师也开始了随笔写作。

10年课改后期，我读到了南京师范大学附中王桂生老师（笔名叫吴非）的《不跪着教书》，留下了很深的印象。这是一个善于思考的教师，他发出了自己的声音。

这种草根的声音，给了我们普通教育人一种来自思考的力量。我们也可以不妄自菲薄，发出我们内心真实的声音。

教育名家思想的光芒，照亮我们的前行之路。

2016年2月11日

读自传，如交友

——我的读书(七)

我一直有这样几位好朋友，在我的心灵深处：胡适、胡因梦、李开复、刘良华、杨绛、宋美龄。因为曾经在一段时日里，我和他们朝夕相处，共同经历那风雨和阳光，感受他们的内心世界，领略他们人生的智慧和境界。

读一个人的自传，就是和他或她交友。当然，更多的时候是单方面的，那也是一种很不错的交往。

(一)

《四十自述》是胡适中年时所写的自传，书中记载了胡适的身世。他很小时父亲离世，那时母亲才二十几岁，含辛茹苦地将胡适养大。胡适的母亲对胡适要求极其严格，胡适在外面稍有不当，回到家里，便会受到母亲严厉的批评，甚至是罚跪。胡适自小受到了很好的私塾教育，9 岁之前就已经背诵了大量的经典，然后再去上海和美国接受了现代教育。

在胡适的自传中，我还读到了他的婚姻爱情，特别是他和表妹曹佩声的一段爱情，描写得非常美好：在杭州西子湖畔，两人琴瑟相和，心心相印，但最终未能走到一起，造成了一段千古遗恨。让人唏嘘的是，他的表妹曹佩声因此而终身未嫁，死后被埋在胡适回绩溪老家的路边。

曾经在微信上看过一张胡适和曹佩声的合影，照片中的她清秀婉约。如果他们走到一起，胡适又将有一个怎样的人生呢？

读了胡适的《四十自传》后，让我们认识了一个切实的胡适，也对他后来的人生作为有了一个辅助的认识；同时也让我们了解到，在中国文化史上如此举足轻重的人物，有着一个怎样的童年和中年。

也期待读他后续的自传，只是未见。后来在台湾作家李敖的报告和书籍中，读到了关于胡适的一些做人和治学的轶事。

当然，关于胡适和他的妻子江冬秀的故事，有很多的记录描述。胡适畏妻，正如小时候畏他母亲一样。江冬秀也正因为胡适母亲的逼迫而得以和胡适成婚。也许，正是这两个女人，成就了胡适的一生。你没看见，晚年的江冬秀仍然是一副很富态的样子，大大的脸盘，饱满的额头，这副模样正是那种旺夫相呢。

胡适，在我的阅读世界里，他的身影仍然不断地出现，每每总是吸引我的视线。

（二）

刘良华的《教育自传》，是最有趣的一本教育类书籍。

闲暇的日子，我会半躺在布艺沙发上，读刘良华的书，读着读着，我会情不自禁地笑了起来。他的语言极其幽默，是那种不加修饰、自然天成的幽默。他所描述的童年故事，就像一幅幅真实的情景一样在身边再现，一个真实、可爱、聪明、顽皮的男孩子赫然出现在你的面前。他肌肉结实，皮肤黝黑，穿着一条裤衩，上身挂着一件背心；脸上还带着泥点，一双小手乌漆嘛黑的。

刘良华的爷爷、爸爸、妈妈每每出现在你的面前时，都是那样活灵活现。他笔下的亲人是那般真实、厚实，有着慈爱，有着世俗，有着粗鄙。他在童年的故事中再现这些亲人的时候，没有刻意地描写亲人的高尚，甚至对亲人的缺点也不作丝毫的回避。想一想，也是。刘良华就是要真实地再现童年的生活环境，这样才可以客观地呈现一个人成长的教育因素对于人一生成长的影响。

最喜欢读刘良华写他和他爷爷、爸爸之间冲突的故事，他会将儿童的内心世界展露无遗。爷爷和爸爸在他的实际生活中，是他的守护神，给他庇荫。但在他逐渐凸显自我的过程中，爷爷和爸爸又成了他的障碍，他在无力的抗衡中表达内心极大的不满。因此，爷爷和爸爸在他的笔下是那样的有力量，又是那样的可笑，甚至有点讨厌。

刘良华，是一位机警、敏锐，而又有智慧的教授。如今，他又怎么样了呢？

（三）

李开复和胡因梦的自传，都是我人生特殊时期读到的好书。

李开复的《世界因你而不同》，是我激进时期阅读的一本书，当时我在企业家刘守国先生的资助下，还给区里一百多位优秀教师分别送了《世界因你而不同》这本书。这是李开复在人生巅峰时期所写的一本书，那时的李开复踌躇满志。他从苹果到微软，再到谷歌，任全球副总裁兼大中华地区的总裁，可谓一路辉煌，成就斐然。

李开复，天资聪颖，父母、姐姐在他的童年给了他无尽的关爱。宽松和谐的家庭，教育氛围民主、开放，这让李开复的前半生充满了积极的能量和强大的创造力。书中描写他童年时淘气的故事，至今犹能记起，如他是如何将邻居家游泳池的水放完的，他是如何将从父亲那儿拿来的钱藏在墙缝处的。书中还讲述了他在美国课堂中，是如何学习，如何和同伴合作讨论，如何在活动中得出结论的。这让我对美国教育的实质有了进一步的了解。

后来，当得知李开复患癌时，我都有点接受不了。一个有着无限创造力和活力的人，怎么会得上癌症？而且，那时候的李开复正在中国经营他的创新工场，为中国青年创业指导服务。但李开复的确得了癌症，而且很严重。

李开复，只知道你得了癌症之后，身心作了巨大的调整，衷心希望你再一次地征服不可征服的事情。

胡因梦的《生命的不可思议》，正是我对于人生产生一种怀疑的时候，遇到的一本好书。如果从文学评论角度来说，此书倒不是一本什么精彩之作。

胡因梦，她有一个不完整的家庭，父母不和，经常吵架，直至后来各自在外有相好，离婚再分别结婚，给她一个不安定的童年。她自己几次非常投入地婚恋，结果收获的是痛苦、彷徨、失望。和台湾著名作家李敖的婚姻也很短暂。这些都给了她太多的人生体悟。

胡因梦，异常美丽，作为一个红得发紫的影星，她并不沉醉迷恋于此。她是有心灵追求的人，所以出名赚钱不是她最终的目的。在影艺事业如日中天之时，胡因梦放弃了演艺事业。和不可一世的名作家李敖结婚后，半年的时间，她又坚决要求离婚，胡因梦再一次放弃了。

胡因梦,她要的是什么?

曾经在网络上,我追了她很久。

那时的她,跟随印度心灵大师克里希那穆提,从事心灵的事业。当影星的胡因梦,艳丽迷人;当心灵导师的胡因梦,淡定而从容,素雅的装束和优雅的举止,如闪烁的星辉一般,让任何的躁动和不安瞬间熄灭。

我更喜欢此时的胡因梦。

现在,已经很久没有看见她了。

(四)

《宋美龄画传》《我们仨》,分别描述的是宋美龄的人生和杨绛的一段人生经历。前者是他人替宋美龄作传,后者是杨绛自己描述的一段人生经历。

她们俩的人生经历,给了我直面人生灾难和生活到老的勇气。

宋美龄,在一段时期,红遍美国政界,因她那一口流利的英语,因她那精彩的演讲,因她那举止端庄、风情万种的迷人。她是蒋介石一生的"达令",老蒋因为她而安定。

宋美龄,她遇到事情,如磐石一般,不论是在风云突变的战争年代,还是在她风烛残年之时。

她,特别懂得养生,活到106岁。

可高寿也意味着她需要承受更多的苦痛。她亲眼目睹她的"达令"蒋介石,她的养子,她的一个又一个亲人,先后离她而去。宋美龄,有着一种怎样的力量,使她能按捺得住自己呢。

晚年,她的绘画技艺达到了很高的境界。

单看宋美龄的国画就知道,绘画是她晚年精神生活的核心。没有长时期的付出,就没有那种炉火纯青的结果。

单看宋美龄的国画就知道,画作中的意境,透露出她修炼到一种怎样的境界。波澜不惊,风动而心不动,一切如戏……世界是那样干净、静谧。

杨绛的《我们仨》,我读了三遍。

第一遍读,是因为钱钟书。

第二遍读,是细细感受杨绛内心世界的坚强。

第三遍读，是用手细细地抚摸那泥土色的质软的封面，品味那简约的封面设计和书中简单的插页，以及那朴素自然的语言文字。

杨绛，经历了那么多痛楚的人，居然活了这么久。

她，经历了“文化大革命”的摧残，目睹了丈夫钱钟书身心备受折磨，爱女钱瑗过早离世。后来，杨绛又将钱钟书送走。在钱钟书离世的时候，她是那样的镇定，让钱钟书安心地离世，安稳地前往另一个世界等待她。

杨绛，一位了不起的女性。在100岁高龄的时候，她写下了这样一段话：“一个人经过不同程度的锻炼，就获得不同程度的修养、不同程度的效益。好比香料，捣得愈碎，磨得愈细，香得愈浓烈。我们曾如此渴望命运的波澜，到最后才发现：人生最曼妙的风景，竟是内心的淡定和从容……我们曾如此期盼外界的认可，到最后才知道：世界是自己的，与他人毫无关系。”

在微信朋友圈里，我转发了这段话，点赞和回复是我所发的微信中最多的一次。我的亲朋好友，虽不及她的经历和年龄，但内心还是认同的。

（五）

读书之路上，我还会遇见很多这样的朋友。

2016年2月13日

关于书的言说

——我的读书(八)

因为喜欢读书,自然对于名人谈论读书的话语就很留心。

古今中外,有很多名人论及读书。

最传统的,要数以下这些说法了。“书中自有千钟粟,书中自有黄金屋,书中自有颜如玉。”这出自宋真宗赵恒的《劝学诗》:“富家不用买良田,书中自有千钟粟;安居不用架高堂,书中自有黄金屋;出门莫恨无人随,书中车马多如簇;娶妻莫恨无良媒,书中自有颜如玉;男儿若遂平生志,六经勤向窗前读。”

当我们在求学苦读时,这是最好的勉励了。

“万般皆下品,唯有读书高。”这出自《神童诗》,作者汪洙,宁波人,北宋著名学者。我一直认为,此诗句旨在说读书是最高雅、最高尚的一种行为了。随着认知能力的提升,人生阅历的增长,倒也丰富了自我对于“万般皆下品,唯有读书高”的认识。“读书高”,还可以理解为,读书是解决很多问题的一个最高明的途径和方法。

朱熹的《观书有感》:“半亩方塘一鉴开,天光云影共徘徊。问渠那得清如许,为有源头活水来。”这也是在巧妙告知我们读书的妙处。

读书正如古人所言,妙处说不尽。

一曰:可以美容。

“腹有诗书气自华。”这是我们形容谈吐不俗、举止儒雅、气质不凡之人常用之语。这也是饱读诗书之人修炼出来的一种精神风貌。苏轼在《和董传留别》一诗中,也正有此意。他特意写诗赠给衣着朴素、满腹经纶的董传。

读《曾国藩家书》,特别喜欢曾国藩说的这句话:“唯读书则可以变其气质。”

他的原话是这样说的:“人之气质,由于天生,很难改变,唯读书则可以变其

气质。古之精于相法者,并言读书可以变换骨相。”

曾国藩在书信中告诉他的子孙,多读书,善读书,读书改变心性,读书涵养性灵。

读书,使得人与人有了不同,精、气、神上的不同。

记得三毛说过这样一句话:“书读多了,容颜自然改变。”

三毛,单看长相,也只是普通人一个,但她整个人,仅看一眼,就足可以让你心动。女性朋友在一起,如要夸奖某位同伴装束气质上有品位,常常会说:“你有点像三毛哎。”被夸的人,自然抑不住地一番欣喜。

曾读过《灵魂有香气的女子》,这书描写了民国期间一群才华横溢的女子,如张爱玲、萧红、陆小曼、林徽因等,读书让她们的灵魂都散发着香气,经久不绝。

二曰:可以养心。

“读书就是读自己。”

我读书读到了一定的年龄以后,非常喜欢这句话。在读书的过程中,常常读到自己的影子,那种发现,会让你想急切地拥抱书中的他(她)。我们常常选择的读物,或者说读物中感兴趣的内容,也都是和我们的心灵有密切关联的。这也就是所谓的“读书就是读自己”吧。

杨绛先生说过:“读书,是为了遇见更好的自己。”

我想,这里不仅有着“读书就是读自己”,在读书的过程中,我们的灵魂不断升华,我们的举止谈吐、精神风貌也都将高雅起来了。那样,我们就将会遇见更好的自己。

还有这样一种说法:“共读一本书的人,更易成为好朋友。”

共读一本书,有着共同的话语;共读一本书,有着共同的兴趣;共读一本书,有着共同的认识。这种心灵的共振,会让人自然靠近,自然愉悦。

教育界,就倡导师生共读一本书。那样的话,教师和学生的心灵会靠在一起,教师俨然就是孩子阅读的伙伴,教师会让学生的阅读视野更加广阔些,学生会让教师的阅读更加清纯本真些。

“读书,成为一种生活方式。”

人类在物质生活达到一定程度以后,必然将追求心灵层面的东西。而只有精神心灵上的愉悦,人类才会有真正意义上的幸福。读书,就是通往心灵之路的途径。

最后一说,读书的境界。

非常喜欢美国诗人狄金森的一首诗——《没有一艘船能像一本书》:

没有一艘船能像一本书
也没有一匹骏马能像
一页跳跃的诗行那样
把人带向远方

这渠道最穷的人也能走
不必为通行税伤神
这是何等节俭的车
承载着人的灵魂

这首诗道出了读书人所要言说而又说不透的况味,读书的意味全在这里了。

法国作家玛格丽特有一句关于读书的名言:“在沙漠的尽头,我黑色的灵柩中,请放上两本书,那样,即使我长埋地下,依旧能够闻到熟悉的香味。”

此句,虽然让人感伤,却道出了读书人爱读书的至高境界,凄美而诗意。

名人论及读书的言论有很多,我独喜欢这些富有温情的言说。

2016 年 2 月 19 日

名家的写作感言

——我的读书(九)

读书时,每当看见名家谈及如何写文章的语句,我的眼睛就明亮起来,目光会定在那一段话中,来回摩挲体味,心中顿如一股清泉流入。

名家论及写作,全无概念性的章法阐述,而是内心真实的自然流淌。

《汪曾祺文集》中,描述沈从文在西南联大教学生创作小说时,一上堂并不作过多的讲解,也无什么教学设计,只是放手让学生写,然后根据学生随意的创作,给予有针对性的指导。有时,他也拿出自己的小说创作与学生分享。

《林语堂散文》中,谈及学诗时,他是这样说的:"学诗,最重要是登临山水,体会人情,培养性灵,而不是仅学押平仄,讲蜂腰鹤膝等末技的问题。"

汪曾祺、林语堂,两位名家在写作中,都倡导让作者写出自己的真感受、真性情,而不是过多地在方法和技巧上做文章,或者说不仅仅只在方法和技巧上做文章。

这使我想起在季羡林的自传《我这一生》中所看到的一段话,是这样的:"我的文笔是拙劣的,我的技巧是低下的。但是,我扪心自问,我的感情是真实的,我的态度是严肃的,这一点绝不含糊。我写东西有一条金科玉律:凡是没有真正使我感动的事物,我决不下笔去写。"

季羡林的文字朴实无华,却意味深长,感人泪下。季羡林写文章所遵循的金科玉律,那就是"凡是没有真正使我感动的事物,我决不下笔去写",即便"我的文笔是拙劣的,我的技巧是低下的"。

好文章,决不能仅在文笔和技巧上做文章。

龙应台的散文,我们特别爱读,她的《目送》一书,我读了两遍。在重读的时候,才深刻感受到龙应台散文结构上的变化,变化中的韵律,韵律中的起伏。特别是蕴涵在散文中的意味，隽永绵绵，往往在合卷之后，我仍然沉浸其中。龙应台在谈到写文章时，引用了某位大家所言的“一棵树”之说。

文章如一棵树那样，无论地面上的枝干树叶是繁茂还是零落，但是树根一定是扎得很深、很牢，伸得很远很远。这就告诉我们文章需要外在的形式，文章更需要内在的丰富和深刻。唯有这样，文章才有久远的生命力。

联想到如今的小学语文作文教学，师生可谓苦也。

教师苦于遵循教科书中机械的作文系列训练，有的训练章法呆板，有的训练内容脱离学生生活。如果教师能在大量阅读中感悟写作的诀窍，那么倒也能有所突破，不必在作文课中紧跟教材的作文训练而走。如果教师能拥有写作的兴趣和能力的话，那么就完全可以去突破，就如沈从文在西南联大授课那样。

或者，如叶圣陶先生提倡的写“下水文”，倒也是一种不错的选择。

在《叶圣陶文集》中就有一篇文章是关于教师写下水文的，教师写下水文亲身践行写作的思路和方法、写作的感受和技巧。那样的过程，会让教师在指导学生作文的时候，就如何命题、如何取材、如何成文、如何结尾等，都会有切合实际的教学方法。学生在教师的下水文中也就有了写作的方向和模板。

我们在阅读中感受到的名家关于写作的那些方法，犹如在黑夜中，行进在茫茫大海中的航船，看到了远处灯塔上的那一盏明灯。

2016 年 2 月 28 日

整本书的力量

——我的读书（十）

读整本书，开启混沌的心灵。

我小学上了五年，读过的课文，只记得《邱少云》《董存瑞舍身炸碉堡》《老炊事员复员了》等几篇课文。之所以记得《邱少云》《董存瑞舍身炸碉堡》，是因我长大当老师的时候，还在教我的学生学习《邱少云》《董存瑞舍身炸碉堡》。

《老炊事员复员了》记得牢，是因小学时，班上一个叫吴章福的男同学，把“老炊事员复员了”读成“老炊事员夏员了”，同学们哈哈大笑。从此以后，小学语文老师一看见吴章福，就开玩笑地说：“老炊事员夏员了。”

同样在那个时期，我读了一本小说《青春之歌》，让我至今仍记忆犹新，主人公林道静、余永泽，以及书中所描写的爱情和革命场景，历历在目。记不清楚从谁手上借的那本书，应该是村子里的下放学生吧。

那时，我 10 岁左右。《青春之歌》给了我关于爱情的浪漫。虽然这本书无法跟其他描写爱情的小说相比，但给了我关于爱情的最初美好。爱情，似乎如天堂一般的纯净和高远。

读了《青春之歌》整本书后，也颠覆了我对于男女之爱最初的认知。

原来世上还有爱情这样的东西。

小时候生活在一个偏僻的小乡村，生命的场景中，有鸡、鸭、猫、狗等小动物，还有春日生长在大地里的葱葱麦苗，秋日里黄澄澄的稻谷，以及终日在这黄土地上辛勤劳作的农民。

夏日的夜晚，忙完了农活的大人们收拾好一切，还有在水塘洗完澡的孩子们，聚集在一户人家平整的场院里，没有广播电视，没有书籍报刊。

村子里的俊男靓女，是这群人的中心，他们朴实得连打情骂俏都是无声的。

读了《青春之歌》这部小说后，处于闭塞乡村的我，才建立了关于爱情的浪漫构想。

读整本书，指引漫漫的人生。

时光荏苒，我生命中有了担当。繁重的事务，努力撑起。我用农民一般的勤劳去付出，但是慢慢地感受到，工作中遇到的问题远不能用我儿时学习到的农民式的思维来解决。

走上副校长岗位，学校的管理工作也远不是依靠农民般的付出就能做好的，埋头耕耘和一厢情愿地付出，只会让我越来越困顿。一时，我如走进了泥潭，深陷而无力自拔。

偶然的情形下，我拿到了老子的《道德经》，薄薄的小册子，发黄的封面上印着简单的图案。每一篇文章，都配有简单的注释。九九八十一章，每章几十字。我清晨来到办公室，第一件事就是打开《道德经》，读上一章，体悟，再努力背诵，似每日的早餐。半年内，我囫囵吞枣地读完了。

日复一日，我烦躁的心似乎也稍稍平静了些。

“水善利万物而不争，处众人之所恶，故几于道。居善地，心善渊，与善仁，言善信，政善治，事善能，动善时。夫唯不争，故无尤。”读到这里，我的心结慢慢解开，似看见微茫中有了一条不甚分明的路。

“至虚极，守静笃”，让我保持一个虚空的状态和宁静的心境，让自己不断充实，并能在安静中思考，从而从容地对待眼前的一切。

“重为轻根，静为躁君。是以圣人终日行不离辎重。虽有荣观，燕处超然。奈何万乘之主而以身轻天下。轻则失根，躁则失君。”老子博大精深的思想，浅薄的我无从深刻领会，但是这章里的“重为轻根，静为躁君”，“轻则失根，躁则失君”，我深深地记着，时常在脑海里再现，每体味一次，都有新意。小女子虽无宏大志向，但这对于我芝麻琐碎的人生，却有着莫大的益处。

我不再轻狂，不再烦躁，不再那么浅薄无知之下而言之凿凿。沉下心来读书做事，静下心来思考顿悟，从迷茫中走出，从困顿中觉悟。

《道德经》是我人生困顿时遇到的高人。通读了《道德经》后，它便潜伏于我心中，往往在不自知的时候，它忽地蹦到我的面前，指引我的人生。

读整本书，更能真正认识一个人。

杨绛先生曾经说过：“我热爱大自然，其次是艺术。”

我喜欢凡·高的画,《向日葵》让我感觉到凡·高对于大自然的热爱,对光和色彩的敏锐捕捉。《向日葵》里有凡·高的热烈,有凡·高的抗争。《星夜》,让人有对星夜的深思,更有对于未来遥远的憧憬。每看星夜,就会让人产生一种想法:宇宙如此深邃而美好,如此深远而不可知。

还有凡·高的《乌鸦群飞的麦田》和《杏树开花》,让我着迷。有几个夜晚,我曾经在网络上下载了凡·高所有的画作。

对于凡·高,却有种说不清的感觉。他邋遢,不检点,他穷困潦倒而又神经不正常。难怪有人说,凡·高是个疯子。

一日,爱读书的好友送我一本凡·高的画传,我如获珍宝。

出差在外一个星期,我都沉浸在凡·高的世界里,每一天都是新鲜的。我会以凡·高对于色彩的敏感走入大自然中,顿觉处处都新鲜而美好。我会重新品读之前所了解到的凡·高画作,因为这本书对于他每一幅画作的创作背景和过程,都有日记记录。从中我了解到凡·高如何发现创作的素材,以及如何构图,如何用色,如何处理画面的光线等。那是独特的美,超越时空的美。

凡·高把他所感受到的大自然的美,以及他身边的穷苦人身上的美,都淋漓尽致地表现出来。

凡·高在这感受和表达的过程中,心中充满无限的喜悦,并深深陶醉于此。

这本书,让我重新认识了凡·高。

凡·高的有限的生命里,充满了希望和温情。

他酷爱自然和绘画。他始终认为只要勤奋作画,画出自己对于美的感受,就一定会有出头之日。他期待着卖出自己的画作,好能喝上一杯咖啡,吃上热面包。但现实是残酷的,他生前只卖出一幅画。正如他的预言一样,他的画作日后得到了人们的欣赏。

他善良而本分。在游历荷兰、法国时,处处都可看到他对穷苦人的同情和尊重,即便他自己也是穷困潦倒之人。他常常将自己的绘画送给房东,送给邻居。

凡·高,将生命中的所有热情都给了美,以至于他的生活来源完全依靠他的弟弟提奥。我曾想,如果凡·高有那么一点点的心思去宣传自己,推销自己,或是傍上某位名流之辈,那么他还至于买不起颜料和付不起房费吗?

凡·高,心智完全正常,他不是人们眼中的疯子。他只是全身心地执着于他的创作,在创作的过程中,他也是极其幸福的。

他最后的疯，是对于艺术的酷爱和投入。因其太过丰富而找不到出口，凡·高才神经不正常，疯了。对着镜子，用枪对准自己的脑袋，这是他留给世人最后的画面。

整本书的力量，是随风潜入夜，润物细无声。

整本书的力量，是融入血脉，滋养心灵。

整本书的力量，是让你完全地、深入地感受一个人的真正内心，走入他的生命之中。

2016 年 5 月 27 日

“每日读书”

——我的读书（十一）

经常设想，什么时候能安安静静地读上几天书？在忙碌琐碎的日子里，这样的想法基本上不太可能。

我于是设想着，等有一日，我不工作了，尽情地去读书。

因为爱读书，每天我都要和书厮磨一会儿。

择一冬日的双休，上午呆在阳光房里，一杯茶，一本书，刚进入书中的世界，一个电话来了，放下书，忙着他事去了。

每一个清晨，眼睛明澈，大脑清醒，打开一本书，刚读一会儿，发现得赶快出门，否则路上会堵得一塌糊涂。心想，晚上回来再看吧。

晚上一回来，疲惫得很，早上的想法只能暂时搁置在心里了。等忙好了一切，上床时再看吧。

一天当中，最舒服惬意的时候，是在夜晚的橘色灯光下，靠在床头，手捧一卷。

大约 3 年前的夜晚，靠在床头上，我突然发现床头灯光线暗了下来，看书时，有些费力。我猜想着，用了七八年的灯泡可能老化了，于是催促先生去超市买了一个新的灯泡换上。新灯泡用上后，仍然觉得不够亮，是不是灯泡的瓦数不够呢？于是恳求先生再去买一个瓦数大一点的灯泡换上。这一次，还是不够亮，先生说，床头灯最大的瓦数了，我也不知道他说的是不是真的，总之，看书仍然费力。

一年前的一天，和一位同事一起听课，看他带着老花镜，随手拿起一戴，不戴不知道，一戴吓一跳！戴上老花镜看书，书上的文字是那样的清晰、明亮，简直是跃动的一行行。

我才恍然大悟,不是我床头灯的问题,原来是眼睛老花了。

买来一副 100 度的老花镜,晚上读书时戴上,果然,文字清晰,似是放大镜一样,将那些密密麻麻的字都放大了,清晰多了。一年多的时间,晚上靠在床头上,我都是戴着老花镜看几页。

半年以后,发现即便是戴着老花镜,读了一段时间后仍是很费力,眼前逐渐模糊,努力地眨眨眼睛,揉了揉眼眶,仍然是模糊不清。

“少壮不努力,老大徒伤悲。”

我曾经设想,退休后沉浸于阅读世界,看来计划永远赶不上变化。

《大九华》的作者鲍立新,曾经在安徽师范大学读书期间,几乎读完了图书馆的藏书。他是多么的明智,趁着眼睛明、脑子好的时候大量阅读。后来他用了一年多的时间考察访问九华山,再用了一年多的时间写成了《大九华》。

早期的大量、广泛地阅读,给他的创作奠定了深厚的基础。

中国阅读推广人、“亲近母语”的主持人徐冬梅女士,将中国儿童阅读做得蓬蓬勃勃,范围影响到了全国各省市,出版了一系列的儿童读物。她,何以有如此的远见卓识,提出了“做有中国根基的世界公民”?

有一日,我问她:“你是在什么时候读了这么多的书?有这么高远的见识和深刻的思考?”她说是她在扬州读师范的时候,大量地阅读,也是读遍了学校图书馆里的所有图书。

读书要趁早!

我在读师范期间,就没有如此的沉静,也没有如此的疯狂阅读。当我感到生命中需要大量阅读时,已是中年,忙忙碌碌,不得时间和心境。既得时间和心境时,眼睛已经不是很配合了。好在阅读时,能理解、感悟到书中更多的趣味。

也许,所有的日子都不能等待;也许,所有的事情都不能期待未来。

读书,最好的日子,乃是当下。

这使我想起赖少其先生曾经写过一幅书法作品:

“每日读书”。

2019 年 2 月 1 日

纸质书的存在

曾经和一位朋友讨论关于纸质书的未来,朋友说电子书日益便捷、蓬勃发展,纸质书将来会逐渐消失。我心中有种对抗,源于我对于纸质书的感情,但一时说不出一个站得住的理由,来说明纸质书的生命力将会长久。

日复一日地读书,读电子书,读纸质书,越发觉得纸质书很温馨、可爱,甚至觉得它就是家庭里的成员。

每每拿到一本新书后,都急不可待地撕开包装,打开扉页,然后再随意地翻动,一股墨香沁出,飘入鼻中,这是多么熟悉的香味。它似自然中的植物一样,带着一种天然的体香。忍不住,用双手抚摸着它,似抚摸一个新生命般。这本新书,算是进入了家庭,随意给它一个角落,待日后和它亲昵。

在午后的阳光下,手捧一本书,再有清茶一杯,那是人间至境。

遇到喜欢的文章,全身心融入字里行间,不觉得手上有书的存在,书和人已融为一体。极度而专注地和书交融之后,稍觉浑身肌肉的酸涩,于是将书放下,任其合页,再用手和视线触摸面前的那本书,此时,那本书已经有了体温和生命。

有句话说,一本新书,只有被阅读后,才会被唤醒,具有了生命。

喝上一杯清茶,神清气爽,再度打开书,跟着作者神游一番,感受宇宙之无穷奥妙,体味儒释道之广博深邃,品读人世间的悲欢离合。每每被书中的语句击中时,便拿起笔,在那语句下面重重地画上线,或是在空白处写下心中感悟。

书,留下了我行走期间的痕迹。

有时,遇到喜欢的一本书,你会走到哪都想带着它。

从书房到卧室,从卧室到客厅,从客厅到卫生间,即便有时没有阅读,但带着它的感觉很好,似是一种互相陪伴,心里很踏实。甚至出差的时候,也将这本书带着，其实出差期间压根儿就没打开过。于是，从这个城市带到另外一个城市，然后再带回来，书跟着自己出游一趟。

书，跟着自己一路行走。

有人说，善读书的人，是将一本厚厚的书读薄了。

可我的感觉是，读纸质书，读着读着，便是将硬硬的书给读柔软了。因为书有了体温，有了生命，于是给你的质感是温润的。因为书中那么多的人，和你相处，日久你们便是好朋友了，书中自然有了温暖。因为书中有那么多的美味美景，你抑制不住地神往之，那儿又是一个多么温馨的存在。

可有的时候，我们又将一本薄薄的书，读得厚重了。这时，我们不是手拿，而是手握；不是手拿，而是怀抱。

《道德经》薄薄一册，读完后，你觉得它似厚实的一座大山。

小学生开学领新书时，都是用双手将书抱在怀里。到书店买书的人，最后是双手抱着一摞书到收银台结账。这种将书抱入怀中的情景是多么的动人、温馨。

书的重，是用来抱着的。书的轻，是用来亲的。

小时读书，老师来上课时，喜欢用腋窝夹着教科书来到教室里。这是一种方便吗？不全是，能跟腋窝接近的东西，一定是最亲近、最无他的。

纸质书，还有一大生命力，是可以作为礼物来赠送的。

礼物有若干种，可送书是最美丽的、最有意义的。送书给别人是一种快乐，收到别人送的书更是一种快乐。这个时候，书就具有了书之外的另一种意义了。拿到这样的书，是阅读书，也是阅读送书的人。这样的书，除了封面，还罩上了另外的一种色彩，似夕阳下那一抹温暖的光辉。

常常幻想，拥有一个很大很大的书房，书房的四周是从地面连接到房顶的书柜，书柜里满满的是书，我在其间，坐拥书屋。据说，天堂就是这般模样。

纸质书一定是一种永恒的存在。

2016 年 11 月 28 日

在文字里相遇

这一年，我和许多心灵相遇。

或静静地相遇在夜晚的灯光下，或无声地相遇在校园的图书室里，或甜蜜地相遇在老师的书房里，或惬意地相遇在轻松舒适的咖啡馆里。

只因一本随笔集《原风景》，我就能和这么多人心灵相遇，这是文字带来的奇妙，如哈利·波特手中的利器。

我的好友蓝叶子，温润如玉，厚德载物，她将母性的慈爱惠及身边的每个人。她的一篇《那一片幽蓝幽蓝的月光》，正是对我成长至今首肯的一抹微笑，只是这一抹微笑将照亮和温暖我的余生。人生最可贵的是你遇对了人，蓝叶子正如叶子一样，一直陪伴、滋养着我的文学成长。我愿成为那幽蓝幽蓝的月光，和她相遇在月夜。

一直记得这样的两个画面：

一位精神矍铄的老书记，干起事情来脚下生风，整天在校园里跑来跑去，爬上爬下。一日，他静静地坐在学校的会议室里读书，阳光正好从他的背后射下来，老书记看得入神，不觉此时门已被宇燕校长推开，老书记手中拿着一本《原风景》。

无独有偶，同样在这所学校参加教研活动时，一位白皙的中年女老师坐在我的身边，静静地，直到会议结束的时候，她和我说："我看你穿着讲究，开着一辆大车跑来跑去，一定是那种养尊处优、没心没肺的人。可是我看了你的《原风景》，才知道你童年的处境和人生中的灾难，你原来是那么的不容易，可你还能活得这么坦然和幸福。"说着说着，这位女老师一双大眼睛里盈满了泪水，我本淡然的心也被她的动情给掀翻了。

这是一所热衷于倡导读书的百年老校，宇燕校长致力于督促师生读书，读书让这所学校的师生们心灵敏锐，富有仁爱之心。

在一个细雨绵绵的日子，我应邀参加了三十岗乡一所乡镇小学的读书会。

只有二十多位老师的乡镇小学，读书会会是什么样子？我和摄影师王伟如约前往。

质朴的一群老师，一个个以质朴的方式深情演绎着，或朗诵，或讲述，或评析，或沙龙，我的心灵被他们不断地撞击着，似是隔着时空和他们灵魂相遇、相拥。他们是那么喜欢《原风景》中关于童年的记忆，他们是那么感慨三十岗的雪天竟然如此美丽。

拥有一颗柔软的心，是有爱心的老师。原来这所学校的王艳校长也是一位热爱文学之人，多少年，我们相见只是淡淡交，浅浅笑，但文学让我们瞬间心灵相通。

文学，不仅仅是从事文学人的专利。

那天去双岗小学参加活动，在过道上看见一位短发优雅的女老师，名魏蓉，她笑靥满面朝我轻轻地走来，像是一首诗。魏蓉老师说读过我的《原风景》，很喜欢这本书，希望能得到一本。魏蓉老师还告诉我，她虽是一位数学老师，可是很喜欢读书。我被眼前的这首“诗”感动了，顿觉身子轻盈得快飞起来了，满口答应，明天就送。

读书的女人，从来都不需要过多去修饰，她的温婉和诗意，也是理性的数学包裹不住的。她笑意盈盈，一直留在我的记忆里。

心灵相遇，一次就能铭记。

近日，我在参加国学教学观摩活动中，又偶遇了一位热爱文学的老师庆迎春，亳州路小学的英语老师。她一双大眼睛闪烁着智慧的光芒，也流露出对生活的热情。迎春老师爽朗地告诉我，她喜欢读《原风景》这本书。我审视地看了看面前这位“年轻的后生”，她也就三十多岁而已，因为书，我们彼此留下了联系方式。

后面的日子里，迎春约了我三次，最终我们相见在一个冬日的傍晚。屋外夜幕徐徐降临，屋内却是暖意融融。迎春将那本《原风景》打开，开始了她的讲述，每一篇她都写下了阅读后的感受，或三言两语，或成篇成段。我被她的赤诚温暖着，一个多小时我也没有给她泡上一杯热茶，甚至连办公室的空调也忘记打开。

她说《原风景》她读了三遍，我诧异、惊恐。这本拙作中的什么让迎春如此爱恋？应该是童年，是农村，是苦难。

生活中不应只有苟且，还有诗和远方。

我的几位好友，就如远方的诗一样，常给我美丽的遥想。朋友周玲是一位美学素养极高的才女，文学是她的专业。一个上午，我们因为工作相见，当我把《原风景》送给她后，她用一个中午的时光坐在咖啡馆里，翻阅了整本书的一大半。她说如果不是下午两点半要上班，她将会把余下的一部分全部读完。

我似乎觉得那个中午，是我在和她面对面地交流，无声地心与心地坦诚交融。人生至此，别无所求了。

认识一位陈老师，六十多岁，是一位退休的高中老师。她身边的朋友蓝茉告诉我，陈老师用两天看完《原风景》，晚上看到很晚很晚才休息。向陈老师致敬，您的热爱是对我一生的鼓励。

读书，是灵魂的相遇，是读者和作者心灵的契合。读书，也能激发读者的一种创作欲望，把心中的所感所悟付诸笔端。

他们就是这样的一群人。

陈艳和梁秀梅是我身边的两位优秀教师，女人的大气和智慧、灵动和秀美都聚集在她俩的身上。她俩一直是我的同道中人，我们一起研究课堂，一起读书写作，其乐融融。

《原风景》在她俩的笔下化作了翩翩美文，陈艳的《原汁原味的原风景》、梁秀梅的《被原风景唤醒的记忆》，如缕缕清风拂过我的心头。

一位教育界的才子，名为红星，和我在阜阳路的街头，探讨了很久，从父亲的去世带来的悲伤，到“子欲养而亲不待”的无奈；从文学给人生带来的温暖和光芒，到写作给教师带来的专业成长。我们似忘年交般，交流得那样无障碍。

没几天，我收到了红星给我发来的两篇文章——《至真至纯的文字》和《浓浓的生活气息》，文笔是那样的灵动飞扬，视野是那样的开阔深远，情真意切。读罢，我的思绪久久地徜徉在红星的文中而出不来。一位才情俱佳的教育管理者，他，将是教育人的温暖和希望。

一位隔着千山万水的书法家，因为这本《原风景》，赋诗数篇，感谢这位萍水相逢的书法家，现摘录几首：

《父亲》为题多见闻，
立新笔下文立新。
通篇难觅悲思处，
却使读者泪满襟。
十载追念无限意，
世间情深养育恩。
阴阳隔断血脉在，
父留心中永记存。

文字修炼几多层，
层层包含世间情。
《迷恋成长》多佳趣，
钟爱淳朴《原风景》。
烟雨苍茫人生路，
日月交替常阴晴。
回眸凝望来时路，
深浅已被世事平。

书写随笔时，我沉醉在自己的思绪里；书成时，我感动在读者的反馈中。这种不期然的心灵相遇慰藉了我的前半生，也必然将温暖着我的后半生。

此文似有褒扬自己之嫌，实则旨在感谢给我温暖的人；文中提及的只是少数，还有很多文中未提及的朋友。生命正因为和你们相遇，天空变得澄澈明净，大地变得温厚宽广。

写罢此文，窗外的冬阳正洒向大地，一片澄亮。

2016 年 12 月 17 日

感动，感恩

（一）

两本随笔结集面世以后，我收到了来自四面八方的感动。亲朋好友、校长老师们以一种真诚回赠于我，更以人性的光辉回照着我。几度，几度，我被他们感动。

小侄女杨逸婵拿到《原风景》一书后，一天的时间几乎看完了。我问：“这么快就看完了？”她说：“带到学校后，课间看，放学看，回到家带晚接着看。”

大弟弟杨帆和三妹夫任昌怀拿到书后，大弟弟看到夜里两点钟，然后大哭一场，我闻后，心中一阵悸动。对不住大弟弟杨帆，让他一夜没睡好觉。

三妹夫任昌怀，目前半退休状态，和三妹妹回到庞书坊的村子里闲居，和村子里的村民们朝夕相处。他第二天也在电话里激动地跟我说：“大姐，我昨晚看到一点多钟，你笔下的村民活灵活现，太形象了！”

小侄女杨逸婵发微信给我说，奶奶问为什么不送她一套书？我忙不迭地回复说：“当然送！我都签好名字了，就是还没来得及送去。”紧接着，杨逸婵发来两张图片，是我老母亲在冬阳下，全神贯注看书的情景。老母亲身穿配有粉色花朵的睡衣，微低着头，似极力地辨认着，因为她双眼患白内障影响了视力。冬阳洒落在她和她手捧的书上，我分明看见老母亲满脸皱褶，还有些许老年斑。当她看到书中她和父亲的结婚照时，该会有怎样的感慨？

最让我不忍回顾的是，那天回到老家，将《原风景》一书递给三妹杨春燕时，还担心文化程度不高的三妹不感兴趣。哪知三妹利索地打开《原风景》一书，翻到我书中的自序，随口读道：“父亲离开我十多年了，慢慢地，我从思念的痛苦中走出来，开始寻找他留下的遗物……”一句未读完，三妹嗓音已是哽咽，迅速一转身，从我面前逃遁。

（二）

如果说亲人的感动，是因为我们血脉相连，那么好友的感动，一定是心性的共鸣。

我的好友王影女士，开了一家茶行，拿去的书，很快就被茶友们拿走了，她激动地说：“几天了，我还没看到你送我的书。”于是我再去的时候，多拿了几套。

王影的儿子小宇，三年级的小学生，也嚷嚷着要看“杨姐阿姨”的书，因为王影每次都称呼我为杨姐，于是小宇便以“杨姐阿姨”来称呼我。那天晚上十点钟光景，王影发来一张图片，是小宇趴在被窝里看书的情景，他正在阅读《迷恋成长》一书，我问王影，小宇喜欢看什么文章？王影说：“他正在看《绘本是最爱》一文呢！”

育新小学的汪宇燕校长，有一天兴奋地跟我说：“那天下午，我路过学校的小会议室，看到我们的项书记一个人坐在会议室的靠椅上，专注地看着书，我很奇怪，一向忙忙碌碌不停歇的项书记，很少静静地待在办公室看书。项书记一刹那也看见了我，但是他似乎还沉浸在阅读当中，我为了不影响他，挥了一下手，很快从会议室门口走过。快下班时，项书记跟我说：‘书写得太感人了，看得眼泪都流出来了。’”

我知道，这位项书记是育新小学的“老黄牛”，整天围着全校的师生们忙碌着，虽然临近退休的年龄，仍然不懈怠。他身材高大，声音洪亮，但他的内心是这么细腻而柔软，我倒是未曾想到过。

我的老同事兼好朋友茆晓燕老师，是我人生中做人和做事的楷模。一个学期未见，那天晚上聚会时，我便将两本拙作送给她。第二天早上收到了茆老师的短信：

清晨醒来，倚靠床头，第一件事便是拜读昨日所得的两本赠书。漫漫几十万字，记录的岂止是你心路的旅程？又岂止是我等一口气能读完的？分明不能,真的也不敢一口气读完!感动妹妹对亲人友人浓浓的情感,震撼妹妹的阅历和笔墨,心疼妹妹对专业的思索与追求,但更多却是分享着妹妹的成熟,欣赏妹妹优雅的生活,静、净、境的境界……

我何曾想到,琐碎絮语,带给我亲朋好友的是一份份感动;我又何曾想到,亲朋好友的一份份感动,又将我带入新一轮的感动中……

(三)

给我《迷恋成长》一书作序的何炳章先生,是我敬仰的教育家,他在浏览两本书后,给我发了这样的话:"关于亲情的文章写得很感人!"

好友陈芬萍说:"虽然在QQ空间看过一些文章,成书后再看,仍然很感动。"

资深编辑汪总说:"喜欢你描写故乡和亲情的文章。"

我身边的庐阳名师陈艳,告诉我她在周日的下午,一口气读完了《原风景》的一半,给我发来阅读的感受并写了一篇读后感《原汁原味原风景》。陈艳老师在读后感的结尾处这样写道:"正值2016新年伊始,在冬日的暖阳中,在茶香的氤氲里,感受着这原汁原味的原风景,涌上心头的是一份宁静,是一份甘甜的回味。"

她是一位热情澎湃的老师,每每我们都会被陈艳激情洋溢的演讲所打动,被她乐观的精神所感染。她也是我一路走来的最好伙伴之一。

叶子,是我们文学圈内对她的简称,她网名蓝叶红,真名王维红,原农科院子弟小学的校长,是我的好伙伴、好导师。我将两本拙作送给她后,她一口气写下了长文《那一片幽蓝幽蓝的月光》,叶子的娓娓道来,既是对我的褒奖,更是对我的激励,让我在感激之余再次感谢她的那份厚爱和对我的知悉。

我最青睐她写故乡和亲情类的文字。

关于家乡,她的文字里存留下的是几十年不变的原风景,静谧而单纯,厚重而悠远。

关于父亲的文字,她写得情深意切。她的笔端流淌的是刻骨的思念和无尽的感伤,但更多的是父亲留给她不竭的精神养料。

关于爱人的文字，她写得感人至深。那些文字，升腾起一团可触可摸的温暖，是那么抓人心。

记得她曾感慨万千地告诉过我，几年前爱人在哥斯达黎加工作期间，突发疾病，住在医院的重症监护室里，那一段日子，她曾真切地想到过如果失去这个人，她将怎么活下去的问题，也就在那些沉重的日子里，她才意识到原来她和他的命运是捆绑在一起的，她必须要用柔弱的双肩去扛起希望，全身心地去挽救他的生命。这样一段经历，让我更懂得了执子之手与子偕老的含义，因此才倍加珍惜和感恩生活的赐予。

她就是这样一个清醒和自知的人。

我们不是厮守在一起的人，但是叶子是最懂我的人之一。

作为一名教研员，这些年，她遍访名师，读专著，听讲座；深入基层，下课堂，做评析。

对于现今语文教研的现状和走向，她既有着风清月朗的觉察力，又有着理性而清明的思考和分析。多年潜心于教育实践和研究的她，终于历练成长为教育科研专家。这厚厚的一本专著《迷恋成长》，洋洋洒洒十几万字，有深层次的教育思考，也有课堂教学实录；有听课的感悟，也有对学生的探究和认知……

我们偶尔相聚一起，并没有过多地谈及教育和教研，她却对我的教研热情和教学思考了如指掌，这又是怎样的一个感谢能了得？

我唯有将这一份份温暖垫在心底。

（四）

身边的好友宇燕君告诉我，每天早晨，她都读上我的一两篇文章，听罢，我内心感动且惶恐，我且认为这是好友对我的鞭策和鼓励。

今天接到昔日好友、远在上海的文君电话，她得知我出了两本集子，让我寄去，并将给我在杂志上宣传一下。文君是《当代教育家》杂志的主编，文字功底扎实，又是一位闻名全国的名师。当年在合肥的时候，就是因为一节语文课，我俩结了缘，如今她仍然在远方关注并鼓励我。

还有好多我所知和我所不知的朋友们，给了我诸多的鼓励和肯定，我是不能一一言谢的，且让我在内心，深深地鞠上一躬，深表谢意。

是你们的真诚，是你们的善意，让我收获了一份份感动。我且抖去一路上的尘土，再次上路。

2016 年 1 月 11 日

无言之美

金银花

初夏的夜晚，我喜欢坐在书房二楼的窗户前，任晚风拂面，风中夹杂着金银花的香气，阵阵袭来。清雅之味醉人最深。夜晚清寂，窗外之事不闻，金银花的香味丝丝如鼻息，入肺入心，静静的，我的世界里只有她。

几年前，先生将一株金银花栽于一楼窗户下，不几年她就沿着水管攀附到二楼窗前。日出日落，冬去春来，我不曾过问她。只要到了春末夏初，她就悄然绽放。一日下班归来，突闻一阵清香，才知金银花又开了。

她从二楼的窗前铺将下来，如绿色的瀑布，也如姑娘卷曲的披肩长发。花开时，绿色中掺杂着星星点点的金银花；花盛时，绿色上铺满了金银两色的花儿。这个时候的夜晚，你只要挨近她，香气袭人，醉得你挪不动步伐；这个时候的夜晚，我若是坐在窗前，就会将窗户整扇打开，让晚风吹满屋子，让花香满心。

这个夜晚，风儿沉醉，岁月定格。

金银花，花期不长，两周左右就会悄然消逝，只留下无限的追忆。初开之时，她柔嫩的花苞呈长锤状，包鼓鼓地向外，白中渗着丝丝的红，纯净得你不忍碰触。一两天之后，花苞绽放，纯白的花瓣儿从花柄处向外撑开，一个小瓣儿弯着伸出去，另外一个大瓣儿相对着伸出去；六根花蕊细长，颤颤地向上，每个花蕊顶着个圆绿色的花蕾，亭亭玉立。这时的金银花，怎么看都像是女子的兰花指。

不几日，先前纯净的白色变成了金色，这也许是金银花名字的由来吧。黄白交替，交相辉映。渐渐地，全是金色了，不由得让你想起黄昏时天边的晚霞，想起秋日时农民的稻场。

童年时，金银花是我们小姑娘胸前的宝贝，一束金银花用红丝线轻捆，然后挽个结挂在衣服前的扣子上。一会儿低头猛嗅，一会儿手拿花束送到鼻前一闻再闻。奔跑的时候，花束在胸前荡来荡去，香味也在面前飘来飘去。不到半天的功夫，这个花束就会变得渐渐无味，随手扔去，再来一束。

还看见邻居小媳妇，采几根花儿卡在发髻旁，也是好看得很呢。乌黑的发髻衬着这绽放如兰的金银花，真是难得一见的美景。也有大妈们随手将几根金银花别在胸前，一边忙活一边闻着花香。

农村的习俗忌讳将白色的花朵戴在发饰上，但对金银花却没有这样的忌讳。也是，金银花，多么吉祥如意的名字，农民们耕其一生，不就是图个金子、银子吗？

农村的金银花多见。村头杂树丛中簇簇，农家屋檐下一株株，还有田间地头都可以见到那飘香的金银花，只是花开时节人们才注意到她。

巢湖边上有座四顶山，一个春日，我和同学一起登山，惊喜地发现树林中、山道边处处都绽放着金银花。野生的金银花朵儿特别大，香味也更浓郁。金银花生活在大自然之中，不为他人而生，不依他人而活。

每年的初夏时节，金银花都会如约而至，使得平凡的日子有了期待和怀念，初夏的夜晚也有了沉醉和诗意。

初夏清凉，金银花清香。倏地，晚风又是一阵飘过，我深深地吸了一口。

2017 年 5 月 5 日

红叶李

初春,合肥的花儿竞相开放。特别是在倒春寒的时日里,又恰逢雾霾,车窗前倏忽而过的簇簇花儿,让揪着的心,有了些许的轻松和美好。

红叶李,似是约好了似的,在小区的房前屋后马路边,次第开放。

驱车去书城,一路上朴素的红叶李,不时地出现在眼前,那淡淡粉粉的一树树,被葱郁高大的绿树衬得那么分明和柔美。心情也似那一树树的红叶李,欢喜而静谧。

红叶李的花朵娇小,盛开时,五片瓣儿微微收拢,烘托着十几根细长的花蕊。黄色的花蕊顶端,点缀着滴滴花蕾。花蕾太小,肉眼看起来不甚分明,只觉玲珑。

成片的花朵,很容易让我想起童年时,父母亲在过年前夕,从街上布店里扯来做新棉袄的花布。那朵朵粉色的花朵里,还有着童年时抑不住的喜悦,如花蕊顶端突起的花蕾。

这种朴实而略带羞涩的花儿,喜欢结伴开。一开始都躲在红叶间,直到花朵都开了,她们才呼啦地散开,红叶李满树都是粉粉的了。

这风格,有点像我小时候,村里的那群小姑娘们。

温婉,娇羞。

比红叶李早些的春梅,现在已是娇艳欲滴,引得公园里的游人流连忘返。同时绽放的还有玉兰花。白色的玉兰花,大气地开放在高高的枝头上,连蓝天都在眷顾她;紫红的玉兰花热烈地绽放,春阳下,是那么的红艳艳。

红叶李,只是在人们的余光中被瞥见。她是那么柔和,抚慰着累了的双眼,安静着躁动的一颗心。

她粉中掺杂着白,低调再低调;她的朵儿娇小得不近前都看不分明,内敛得很。她的粉，似是红叶的晕染，粉红花儿衬着紫红叶子。如果在画家的笔下，一定是轻点一点红，就晕染了一树粉粉的红叶李。

午后的阳光，淡淡地洒在一树树的红叶李上，我似看见一团团粉色的云雾。这粉色的云雾在我的车窗边流动着，陪我一起去书城。

想起前两天，一夜的春雨和春风，打落了多少朵红叶李，心中顿生怜悯。每每一夜的春雨过后，我停在红叶李树下的车子上，满是粉色的小花瓣儿。

水灵灵的花瓣，自然分布在黑色的车身上，还有一瓣瓣洒落在车前玻璃上，水汪汪里的花瓣水灵灵，我似在粉色的世界里了，开着车缓缓上路，都不知身往何处。

骨子里，我是个享受凄美的人。

红叶李，无梅之艳，无玉兰之雍容。

每每在山墙边，看见她，我心即刻静谧；每每在马路边，看见她，我心倍感温馨。她，单独一棵是幅画；她，连绵几棵是意境。

傍晚，从书城出来，驱车返回。

又见马路边的红叶李，在不甚强烈的光线下，她几乎为白色，朦胧的粉色已是心中记忆的存留。葱郁的树木，略显厚重。天空边，那一抹夕阳，绯红了天边，也呼应着这傍晚的红叶李。

合肥初春的傍晚，如此静谧，如此美好。

2016 年 3 月 10 日

樟树之香

谷雨一过，粉红的桃花、樱花，雪白的杏花、梨花，相继谢幕，春天的花事似将走向落寞。

可不，走在道路上，不经意间，一阵阵清香向你袭来，左看右看，寻觅这香味的出处，原来是道路两旁高大而葱郁的樟树。

这香味不同于玉兰花的馥郁，也不同于含笑的甜腻，更不同于玫瑰的芬芳。她如丝丝清风般，飘入你的鼻腔和心田。

每个夜晚，单这香味，就让你急不可待地去樟树下散步。走在樟树下的街道上，单这香味，就能让你忘却城市的烦躁和纷扰。

公园里，樟树那粗壮的枝干和繁茂的树冠，简直就是无冕之王，浑身上下散发着香气，弥漫在空中……

樟树这清香，来自哪里？

曾经，在园林工人修剪樟树的枝干时，我央求到几截锯成两寸长的枝干，放在衣橱里。几年后，仍有余香。

前不久，去牯牛降游玩时，买了一个用粗壮的樟木墩挖成的小凳子，还有一对樟木镇纸。自此，每天下班回家，一股清香迎面而来。书屋的樟木镇纸散发的清香，和墨香、书香调和着，书房的香味越发醇厚了。

香味来自樟木树干？

显然不全是，因为谷雨之后，一走到樟树下，就会有阵阵香气迎面袭来。

一个阳光明媚的日子里，远远看着株株樟树，发现每株樟树葱郁的树冠上，都有着簇簇浅浅的黄绿小碎花。如果不近前细看，不觉得是花，还以为是樟树的新叶呢！

樟树的花长在枝头的顶端，花柄呈发射状，就如她香气四射一样，那一朵朵小花，也如凡·高画笔下夜空中的繁星点点。

细细品味花香，是清香里糅了些蜜香，比樟木之香似是温柔了些。

突然间，脑海中产生了一个疑问，樟树叶子是否也有香味呢？

一个跳跃，摘下一片樟树叶子，手指轻轻揉捻，鼻前一嗅，一股浓郁的香味直冲鼻腔。

哇！樟树，原来是通体透香。

大自然中，每一个物种的绵延，都有其生命力的根源，樟树的香味，是它在大自然中取胜的一种特质。

鲜花以其色彩构成斑斓。

果树以其果实奉献着甘甜。

樟树不以花色，不以果实，它通体蕴涵着香气，不经意间一展风采。

2016 年 4 月 28 日于巢湖

惊人石斛

窗台上散放着的几根石斛，居然开出了几朵黄色的小花，我惊愕地看着它，然后是一心的欢喜。

那几朵黄色的小花，长在石斛的茎节处，明艳艳的。那红色的花蕊，努力地绽放着。

我知道，花朵很努力，但那努力的样子遮挡不住它自身的孱弱；我知道，石斛很努力，那努力的样子里有着生命里的最后一搏。

这几根石斛，一尺长左右，呈黄褐色，没有了最初的鲜绿和水嫩。它在冰箱里放了一年多，看着它逐渐萎缩干瘪，有些不忍。但一想到石斛的种种营养价值，便设想着哪天煨汤时放上几根，就这么想着、想着，于是也就这么一直放着、放着。

直到有一天，下了决心，把石斛拿出来放在窗台上，这样提醒自己，尽快把它吃掉。没想到，翻过了年，到了这个初夏，它兀自开了花。

在石斛开花前，它在窗台上也放半年多了。

一朵一朵地接连地开着，窗台上也是灿灿的了，仿佛就是一个春天。那长在石斛茎节处的黄色花朵，朝着不同的方向盛开着，一开就是好几天。我在琐碎的忙碌间，看它几眼，既不施肥，也不浇水。实是无处施肥浇水。

我琢磨着，这石斛哪来的生命力？

转眼间，夏去秋来，我在忙碌中又忘了它。

国庆放假，打扫卫生时，我又看见了它的变化。夏日里的黄花枯萎干瘪了，但仍有几朵还在石斛的茎节上。几根黄褐色的石斛上，有了几簇绿色的叶片，甚至有一处还抽出了新的枝条。

我又一次惊愕而又欢喜了。

这石斛有着怎样的生命力？

回想起两年前，一位朋友从霍山石斛种植基地给我捎来一捆新鲜的石斛。新鲜的石斛营养价值高，吃起来也方便，只要拿上一根放在嘴里嚼上一嚼，汁液吃下即可。

我当然如获至宝，放在冰箱冷藏室里。起初还用塑料食品袋子装着，后来担心闷坏了，就把石斛拿出来直接放在冷藏室里。

这一放，就是一年多。

我担心石斛坏了，有一天，就将石斛拿了出来放在窗台上晾一晾，这一晾却“亮”出了石斛的生命力。虽然是没了根的茎，虽然在冰箱的冷藏室里放了一年，拿出来又放在窗台上半年，但是它只是从当初的嫩绿鲜嫩，到如今的黄褐干瘪。

这石斛有着怎样的生命力？

我不打算吃它了，把它仍然放在窗台上。看着它在那里顽强地生长，有些许的不忍。

它，只是黄褐色干瘪的茎，可开着黄花，长着绿叶。

2018 年 10 月 14 日

踏雪寻梅

因为腊梅，我喜欢上了冬天。

每年冬天，一看见腊梅花开，那一树树的黄色点点时，我的心里就盼着下雪。

漫天的雪花飞舞，朵朵的白，衬着这树树的黄。雪大时，雪花的白和腊梅的黄渐渐交融，不一会儿，便朦胧起来，眼前的世界美轮美奂。这种美，是自然的造化，连最高明的画家都不及。

雪停了，腊梅的枝干上镶着一道道的白，犹显枝干的铁色；花朵上都驮着摞摞的雪，更显梅花的玲珑剔透。一股冷香从雪色梅朵中幽幽地散发，使我想起了宋诗人卢梅坡的诗句："梅须逊雪三分白，雪却输梅一段香。"

每一次，腊梅盛开时，我都将自己"送"进梅园里。

登紫蓬山的古道边，有一棵棵长了很久的腊梅，枝干粗壮，花朵开得也很壮硕。你可以凑近大一点的花朵，将鼻孔对准，很过瘾地吸上几口。不由得使我想起有着烟瘾的人，猛地抽上一口，是不是也是这般感觉，很解馋。

大蜀山的西扩公园，有一处梅园，腊梅树树丛丛，树很高大，人可以在树下钻来钻去。腊梅盛开时，雪铺一地，枝枝蔓蔓上、朵朵梅花上，也都是雪，那时的你置身于此中，雪国梅园，你便是那梅花一朵了，冰清玉洁，你也就此升华了。

合肥政务新区的梅园，盛开时，那一片的腊梅，一眼望去，似花海。只因是在政府办公楼边上，思绪上有种放不开，似不便于赏梅。不过，雪天时去赏梅，还是有着一种摄人心魄的感觉。你将身子猫下来，再看那一树树腊梅，看见的是腊梅天，此时，人也是从里到外被梅香熏染透了。或者，你蹲在腊梅丛中，也如一株梅一样静静地立着，那时，你就变成一株腊梅了。

还有一种地方，腊梅花开时，有着一种闲适和野趣。

开福寺东边的梅园，是在一个坡地上，梅花盛开时，满树的金黄，阳光铺洒下来，更显一树树的美好。坡地上，满是冬日枯黄的草，厚厚的，踩上去很松软。一群鸡，在夕阳下，梅林中，悠闲地踱着方步，不时地啄上几口。

很自然，你的心也松散下来，步伐也趋同那一群鸡。踱着闲适的步子，漫步在梅园中，和着夕阳和梅香。

时光是那般美好……

曾经在徽州大道和南二环交口的一处杂树林中，发现了一簇梅花。是我骑车时，嗅到了腊梅的香味，寻香而发现的。因为是野外，腊梅长得很疯狂，梅枝因为没有修剪，肆意地指向天空。低矮处的梅枝，已被路人折得差不多了，反而那些指向天空的梅枝上，满是金黄朵朵，让你欲求而不得。我钻进去，站在梅林中奢望着天空，尽力伸展手臂却仍够不着。最后，捡点漏，在低矮处，也折了几枝梅。小心地、匆忙放进背包，生怕被人看见。

去年冬天，跟着一帮同学来到了肥西的一处园林休闲区，当我看见那一树树的腊梅盛开在园林中时，便抑制不住内心的私念狂想。我像孩子似的大声嚷嚷："我想要啊，我想要啊！"一边说着，一边盯着腊梅不收眼。我同学看我这副馋样，也架不住我的叨扰，就跟他的朋友要了一棵送我。我心满意足。

这棵梅，今冬开得很早，赶在第一场雪之前就次第绽放。

不几日，我就折了几枝，放在书房，夜晚灯光下，看着她和沉香相媲美，绽放出幽幽的清香。

下雪时，看她在漫天雪花中，沉静而从容。

雪霁之时，给她留影，她一如既往地静美，晶莹、端庄、内敛。

天放晴了，阳光下，居然有一只蜜蜂飞来了。我很奇怪，大冬天的哪来蜜蜂，如果有腊梅花蜜，那将会是怎样的一种香甜。

第二场雪又来了，"梅花欢喜漫天雪"，我的梅园又有一番诗情画意了。看着小院子里四株盛开的腊梅，我感觉已有梅园的气势了，这种感觉不亚于宋美龄身处台北士林官邸的梅园。其实，那年去宋美龄的梅园时，并没有看见腊梅，只是站在她梅园的一角想象一番而已。如今，想象附着在我的小院子里。我的想象有点狂妄了，那又怎么样呢？

冬日的茶事中，不可无梅。

由此，古时候就有了梅瓶。

朋友来我家里喝茶，我便剪梅枝插梅瓶，继而闻香品茶。

从北京国子监胡同里，淘来了两只湖蓝色的陶瓷梅瓶，小小的口径，圆润的瓶身，陶制的感觉更接近于自然，一支梅花插进梅瓶的一刹那，便有“天地一株梅”的感觉了。心中叹着：古人可真会玩啊。

来了一位朋友，喝完茶，送走朋友的时候，我连瓶带梅也送上了。再来一位朋友，喝完茶，送走朋友的时候，我也是连瓶带梅送上了。

现在那两个漂亮的梅瓶已在我的记忆中了，我将它们送给喜欢它们的人。

茶人王影，开迎春茶会，嘱咐我带上几枝腊梅。

于是，我“踏雪剪梅”。

来到小院，在稀疏的梅枝上，挑了几支。一边挑剪时，一边默念着杜秋娘的诗句：“花开堪折直须折，莫待无花空折枝。”

在茶会上，一只玲珑纤细的白瓷梅瓶上，一支腊梅是那样的精致典雅，幽幽梅香伴着款款茶香。

腊梅，她是天地人间之尤物。

踏雪寻梅，已是我冬日里的期盼。如此，每个冬日便不再那么漫长和寒冷，反而平添了诸多的诗意、烂漫和美好。

2016 年 2 月 12 日

素描山林

冬日的山林，疏朗通透。

树，或峭拔，或逶迤，或粗壮，或纤弱。

林中，斑驳呈杂色，有倔强的绿，有成熟的黄，有沉寂的褐。

落光叶子的树，更显姿态万千，见稳重敦厚者，慈眉善目；见高耸入云者，有一种力量直刺苍穹；那一树树缠满藤蔓者，枝干似乎是葱茏茂密，在冬日的枯色里，越发有一种生命力的彰显。藤叶浓密，沿着粗壮的枝干一个劲儿向上盘绕，风起时，叶叶微颤，清扬着傲人的妩媚；更多低矮些的乔木、灌木，光溜溜的枝条，自然分布在大树之间，一如芸芸众生。

蓬松的落叶，这儿一片，那儿一簇，附着树生，随着风落，冬日里，终回大地。

俯身登山道，一眼瞄去，视线穿过林间，望见了远处的天空，望见了林中坚韧的老绿，望见了林间地面上，那深浅不一的褐黄。

一抬头，山道边，一树零落的红叶，一树明艳的黄……

冬日，山林清朗，心儿清明。

2015 年 12 月 20 日

初春的鸟窝

初春，吸引人外出的有春风、春阳，花红柳绿，还有春水荡漾，枯枝新芽。

就在那一排排、一棵棵的高处，安放着一个个鸟窝。

去年冬天时，我似乎没有发现，即便是白雪皑皑，徜徉在玉树琼林的世界里，也没有看见。可初春时，鸟窝好像一夜间冒出来似的，一个、两个、三个，甚至更多，蓬松松、黑黢黢的鸟窝，高高地架在枝头的树杈上。

放眼那一片土地，村头村尾，那稀疏有致的枝桠上，有鸟窝；田野里，沟渠边的树枝上，有鸟窝；湖边丛林的杂树上，有鸟窝。

有的一棵树上一个鸟窝，大大的；有的一棵树上两个鸟窝，一大一小。我心里猜想着，是不是鸟爸、鸟妈给他们即将结婚的儿子垒的？有一处连绵丛生的杂树上，多达四五个鸟窝，真是好玩，鸟儿们也喜欢群居吗？想必那一处是风水宝地。

柳树已经吐绿，春梅、桃树、樱桃，早已抑不住兴奋，张罗着将花儿在“春博会”上展出。可那一排排的水杉，那一棵棵的椿树、梧桐，还是光秃秃的枝干。

从美学的角度来说，我很喜欢落光了叶子的树木，简约而有意，没有叶子的枝枝干干，尽显疏密有致，尽显曲折多姿，尽显自然的造化神奇。再有一个鸟窝在没有叶子的枝干间点缀一下，自然的生力和生命的温馨，一下子便升腾在枝枝丫丫间。

一只鸟儿飞来了，钻进了鸟窝，等它一会儿不见其出来，高举手机拍照的手臂酸酸的，只好放下来。另一只鸟儿飞来了，停在鸟窝的枝头，望望远方，再温柔地低头看看鸟窝，“咔嚓”一声，我抓拍到了。它们在春日的时光里，尽情地嬉戏，尽情地温馨。

它们或许在谈恋爱，据说鸟儿筑巢是为了交配繁殖。

雄鸟为了吸引雌鸟，会将鸟窝筑得结实、漂亮，用树枝搭架，用干草填实，再用动物的毛发铺就。其间，用唾液或泥巴将窝固定。有情调的鸟儿，还会用鲜花鲜果装饰鸟窝。鸟儿们从恋爱到结婚，也看是否有“房子”。看来，人物同心。

或许是雌鸟在孵蛋，雄鸟将觅到的食物送给雌鸟吃。据说雌鸟是靠认窝来孵蛋的，如果你将鸟蛋换上石头，它也照旧在那个鸟窝孵蛋。鸟窝是它们眼中的一切，生命的延续全靠它。

或许，它们是在喂雏儿，初生的小鸟嗷嗷待哺，鸟妈、鸟爸不停地在枝头来回穿梭。

这个春天，我踏春的心，已被鸟窝征服。

那鸟窝，是一种怎样的艺术？

大多数的鸟窝都搭在树的高处。再一细看，鸟窝是搭在枝桠的生发点上，往外伸展的枝条支撑着鸟窝，看起来稳稳当当的。也有个别的鸟窝架在树的旁侧，倒也有着一种不平衡之美。

鸟窝的形状，远看大多是圆形、椭圆形，也有不规则的。小的如拳，大的如斗篷般。

搭鸟窝的树枝，大小粗细不等，树枝交叉的位置和围成的弧度，妥帖而牢固，鸟儿真的不亚于人类的建筑工程师。这使我想起北京的“鸟巢”建筑。

鸟窝的颜色，和树枝的颜色很接近，只是深浅不同而已。在蓝天的衬托下，是那样的端庄而优雅，似有徽派建筑的意味。如果要画成水墨画，画家只要掌握住水墨的浓淡，轻轻勾勒，淡淡泼墨即可。

一场春风春雨过后，我惦念着鸟窝。再一次外出踏春时，鸟窝依旧那样醒目、生动，安然如往。

查资料，得知。

鸟窝，大多是鸟儿在春天垒的，春天是鸟儿交配繁殖的季节。雌鸟下蛋后，忙着孵蛋。雄鸟外出忙着觅食，供养家人。

看来，我的眼睛没有欺骗我。

叽叽喳喳，叽叽喳喳，一群鸟儿从树梢飞过。群鸟瞬间飞起的情景，真的很美，我的心随同一起飞。

回过头来，再看那一个个生动的鸟窝，在暮色的树林中，是那样的静谧安然。

2016 年 3 月 13 日

初夏的田野

初夏的田野，比初春更好些
绿，漫山遍野
这里是
精神抖擞的花生地
叶子肥大的南瓜田
那里是
藤蔓逶迤的西瓜秧
还有颀长的蒲草啊，它们疯狂地长在水洼里

一只白色的鸟儿，扑啦啦地飞过
心，随它一起向远方

初春，哪儿会有这初夏的葱茏

初夏的田野，比初秋更好些
麦田里，金黄氤氲
长长的麦芒，也是缕缕金光
绿，给金黄麦田镶嵌上一道宽边儿

田埂边的小菊花，很无暇
道旁的野蒿花儿，高高低低地热烈着

好像走在乡间的星光大道上
如此风光
风吹过脸颊，也吹过蓬松的头发
随风狂舞的花儿
满心都像是在欢呼啊

初秋，哪儿会有这初夏的繁华

初夏的田野，比初冬更好些
白亮亮的水田里，有黄绿的秧苗
还有插秧的人啊
卷着裤腿，撸起袖子
欢声笑语，一浪一浪地
这浪啊
也漾起了水田里的浪花

一位老农拉着老牛和小牛
和开车的我，相遇在高埂上
老农和牛侧身停下，想让我
我刹车靠边，想让牛
现代和久远
就这么相视地微笑着

初冬，哪儿会有这初夏的欢愉

2016 年 6 月 21 日

红茶过往

端起面前的一杯红茶，让我想起爱上红茶的一些过往。

祁红、滇红、闽红，我先后都品尝过。

几年前，在王影的徽芝堂茶行里购得一款滇红，一时着迷，独自在家里喝，和三五朋友聚会时喝。长长、黄褐色的叶子硬朗挺括，每每在热水的冲泡下，会散发出一阵阵高香，我便深深地陶醉在这香气中，一杯接着一杯，被滇红的甘甜浸润、高香包围。

那时候，以为滇红是天底下最好的红茶了。

一次，我的同事茆老师给了我一罐祁门红茶，是碎叶的那种，起初入口时不觉得好喝，似乎有一股草木味，但不久便喜欢上了这款祁红，觉得滋味甘甜且丰富，原来我们安徽的祁红也是一款不错的红茶呢。继而，一发不可收拾，我身边的祁红似乎多了起来。去徽芝堂茶行时，王影也常常泡上一壶祁红，或为红香螺，或为祁眉，一边听王影叙说红茶的制作工艺，一边感受着祁红的丰富多彩。

再往后，我似乎是个懂茶之人了，还装模作样和朋友去茶叶市场中品鉴祁红。说实话，什么红薯香、松香，真的不甚明白，但入口的细软香甜我还是有所感知的。一日，查资料得知，好的红茶富含茶红素，稍微冷却之后，茶汤中会有絮状的凝结物，叫作“冷后浑”。于是我便将两款不同等级的红茶同时冲泡，再分别倒入两个白色小盏中，待冷却后比照，甚至拿手机电筒打上强光后比照，还真的看出了两者的不同，好红茶的“冷后浑”更为明显。于是，我能从汤色、香味、口感、“冷后浑”来大致判断一款红茶的级别了。

近日，偶得一款祁眉金针，我如获至宝，请茶友们来家中分享。我也像茶师一样将一小撮祁眉金针放入白色茶荷中，先欣赏茶型，条索细小，褐中有黄，可见茶叶很嫩，是明前采摘制作的茶叶。看着白色茶荷中的根根祁眉金针，想象着茶农是如何将这一叶叶嫩茶采摘，然后经过一系列复杂的工艺流程制作出来，茶人整天整夜地加班……便觉得这几千元一斤的红茶不能算贵了。再说，这顶级的好红茶，还需要顶级的制茶师才可以制作出来，好的茶，好的技艺，才成就这顶级的好茶。于是喝茶时就极为珍惜这面前的茶，也完全沉浸在这红茶的氤氲香气中，感受她的馥郁香甜，滋味饱满，回甘良久。一杯下肚，真可谓是唇齿留香，通体舒畅。

有好茶喝，会喝好茶，是一种清福。鲁迅说出了茶人特有的幸福。

泡红茶，宜用腹小、壶型紧凑、型扁圆的紫砂壶，用90℃左右的开水冲泡，第一泡时间稍长，后面几泡即入即出；茶汤呈琥珀色，晶莹透亮，公道杯最好用透明的玻璃器皿，可在光线的折射下欣赏这一杯流动且闪烁着光斑的琥珀，美煞了矣。

喝红茶的品茗杯，最好是白色深口的，这样既可以看到流动的琥珀，又可以在喝完一杯红茶后闻香，“闻香”是喝茶的另一种乐趣所在。杯中茶汤喝净后，待杯子稍微冷却，拿起杯子凑近一闻，一股浓郁的冷香直入鼻息，醉了矣！

作为安徽人，有自己的祁红，真是幸福。当然，爱茶的人是来者不拒的，好友文君给了我闽红中的高端茶金骏眉，只知道金骏眉很好，但尚不能明辨此款金骏眉的级别。红色瓷罐里的金骏眉呈浅浅的黄褐色，略带绒绒微卷状，我很珍惜。遇上好朋友到来时，才会泡上一壶，一起分享。我们一边感受金骏眉的甘甜细密，一边貌似很专业，大谈金骏眉的制作工艺。

偶尔在心情宁静时，我也会独自来上一杯金骏眉，取上一人量的茶叶放入玻璃杯中，轻入一点热水，看叶子在热水中舒展，缓缓落下，似以另一种生命的状态在呈现。此时，小啜一口，感受她的香糯、甜美、芬芳。每每在第一次冲泡时，热水冲入杯中的那一刻，我都是站着的，热气伴着茶香袅袅而上，一股脑地入了鼻腔，那一刻很是销魂，我谓之为“闻茶”。其实喝茶沏茶的过程中，“闻茶”也是一种乐趣。

认识了闽红，去福建出差，便忘不了要去寻觅一番。

那一次合肥市的小学语文专家团队前往福州学习，结束后的半天，我们去了福州不远处的梅村，据说是曾经的茶马古道，村子里到处弥漫着茶香。每一家在制茶的同时，都会设有品茗的茶舍，我在团队中算是略懂一点茶的，于是附庸风雅地带着大家一处一处地品茗，感受梅村茶人的静美文雅，那个下午甜蜜而美好。在一家手工制茶厂，我们分别品鉴了大红袍、正山小种，当然大红袍不属于红茶，是半发酵的乌龙茶，而正山小种是全发酵的红茶，较金骏眉而言稍次一些，但价格却便宜很多，没记错的话，二三百元一斤，我们一群小语专家们个个都出手了。几年后的今天，大家会面时，还说起那次品茶、买茶，后悔当时买少了呢。

说到闽红，使我想起不久前喝到的一款台湾红茶。台湾红茶制作上尤为精致，包装环保科学，想着台湾岛上的高山红茶，我是怀着一颗敬仰之心来喝的。当然，台湾的红茶还是比不上台湾的高山乌龙、大禹岭的高冷茶以及冻顶乌龙，那些是香气饱满、滋味丰富、回甘持久的好茶，这当然是另一种茶话了。

红茶，被茶人比喻成中年人的滋味。我倒是觉得红茶似少妇，有一些内敛和细腻，有一种甜蜜和回味，有一股让人抑不住的向往。几种红茶又各有不同，滇红的高香很醉人，祁红的细密很甜香，闽红的馥郁易回甘，台湾的红茶婉约而又轻扬。

今晚的一壶红茶，让我在红茶的思绪中流淌，回想这幕幕的红茶过往。

2017 年 11 月 12 日

紫砂壶的美

紫砂壶的美，不是我能看尽说明的，但日复一日地和她交往，还是想说说，算是一孔之见吧。

经常去朋友王影的茶行，就像走进紫砂的世界。茶行四周的木架上，一件件紫砂制品静候着你，茶桌上摆放的是一把把开过的紫砂壶。或玲珑，或敦厚，或清秀，或端庄，或大气磅礴，或灵润如玉。很多紫砂壶是茶友寄养在王影的茶行里的，喝茶的时候来看壶，看壶的时候来喝茶。

何为寄养？就是像孩子一样寄养在别人家里。壶的主人自然少不了隔三差五来看看“孩子”，摸摸它，抱抱它，亲近一番。在茶的滋润中，紫砂壶一日一日地悄悄变化，越来越有光泽，越来越温润，焕发出勃勃生机。

紫砂壶的魅力为何如此之大？

因为她低调的色彩。

紫砂壶，大多都是低调的亚光，即便是大红袍、朱泥所成，也是稍暗的色泽。她们似乎悄然间从大地走出，来到人世。紫泥、段泥、底槽青就更不待说，本身就是低调的色彩，她们是那样的安静于一隅。

当然，她们的生命一旦被唤醒，不论以何种紫砂制成的壶，都会有种抑制不住的光芒从紫砂中溢出，那是春一般的萌动，也似秋一般的丰实。但，尽量低调仍是她的秉性。

因为她温润的质感。

紫砂的质感，看似光润微有沙粒，触之却有玉石绸缎之感。目之所及，紫砂呈现的是柔柔的一片亮，这样越发显示出紫砂壶身姿之饱满，线条之流畅。手之所触，如遇肌肤般，亲切柔和。泡茶后尚有余温的紫砂，如婴儿肌肤般，温润而可人。人是自然之物，紫砂也是，故，人和紫砂是这般的亲切吧。

因为她的器形之美。

每一款紫砂壶，形体上都有一种无以言说之美。有仿古之味，有自然之美，有人文雅趣，有茶禅一味。

茶友侯姐拥有一把"一粒珠"，器形饱满圆融，壶嘴玲珑峭拔，出水流畅而无声。壶握手中，似是手指的延伸。壶盖上的一粒珠，既是壶盖提起处，更是这把壶的灵性所在，似圆润而玲珑的天珠，立在这把壶的顶端，所有的精气神全在这一粒珠上了。

当我手握侯姐这把"一粒珠"时，有种冲动想把壶拥入怀里、藏在腋下。

"步步莲花"壶，是汤宣武的杰作。开阔大气的壶身，简约有型的壶盖，一枝秋日的莲蓬立在壶身的侧面。底槽青的色彩，深沉内敛。拥有这把壶的人，一定非常大气而沉稳。果不其然，这把"步步莲花"壶是蓝茉所收。朋友蓝茉做人做事都很成功，这把禅味很足的壶，体现了她的禅思和智慧。

"方圆自在"壶，可谓大气稳重，敦实而古朴。圆中有方，方中有圆，天地契合，万物生矣。这把壶融合了制壶人对宇宙万物的认知和体察，让人不由得想起"天行健，君子以自强不息；地势坤，君子以厚德载物"这句话。虽是一把壶，让人一看，就有归心之感，因为这把壶是那样的沉稳。

我有一把范伟老师的仿古壶，大红袍泥，殷殷的红，让壶有种抑制不住的喜悦，感染着喝茶人。这把壶的周身线条流畅，看起来极其柔美。壶盖、壶身及壶把、壶嘴的造型浑然天成。宽而稍扁的壶身，看起来极有气度，雍容大方。沏茶出水时，悄然无声，如入心田。水柱圆润饱满，水量恰当适宜，似知茶人之心。

而我的小石瓢，更是可爱至极。

两人对饮时，小石瓢慷慨大气，出水有力，收水迅速，茶香溢出，清香入鼻。一人独饮时，小石瓢很乖巧，静静守候，不急不躁，清亮的茶水将你氤氲围绕。一看见小石瓢壶身上的一句"沏茶去！"我就会随她而去。因为小，因为巧，小石瓢拿在手中，不觉是器皿，恍惚中，似是我自己流出那清亮的茶汤，晶莹透亮。

紫砂壶，还有一美，深含人文之蕴。

有的紫砂壶，壶身上有名人名家的诗词书画。一壶手中，风光无限。有山川河流，有花草鱼虫，有宠物精灵，有诗词经书。静静喝茶时，品读其中。近日看见这样几句极具意味的词句：

“若非群玉山头见，会向瑶台月下逢。”（李白）

“粗胚淬火后，把把显峥嵘。貌似泥为骨，敲之金玉声！”（郑板桥）

“共约试新茶，旗枪几时绿。”

“琴将秋水弹明月，茶得春山试白云。”

“山中一夜雨，树梢百重泉。”

还有启人遐思的短语：“壶中有乾坤”“其气清华”“七碗之后，能凌紫霞”等。

当然，光壶也有一种无以言说的美，放空所有，也就是拥有所有。干净而空阔的壶身，让你在喝茶把玩时，什么也不想，直入茶之境。

而紫砂壶的生命之美，则是她的大美。

“每打开一本书，一个生命就被唤醒。”紫砂也有着异曲同工之妙，每把紫砂壶当被主人用来开壶泡茶时，紫砂壶的生命即被唤醒，并将成为一个独特的生命个体。

王影的茶行里，即便是没有茶友相聚，单看那一把把被寄养在茶行里的紫砂壶，就似看见众茶友相聚在一起。有热情奔放的韦姐，她的紫砂壶如她一样笑意盈盈；有慢条斯理、文雅有致的侯姐，她的紫砂壶正静谧安然地居于一隅；有娇小大气的蓝茉，她的紫砂壶不急不躁、稳当当地立着。刚健有力的陆先生，他的紫砂壶沉稳而大气，虽力有千钧，却安然不动；儒雅谦和的鲍先生，他的紫砂壶如谦谦君子，温文尔雅；宽厚而敦实的张先生，他的紫砂壶腹有万千气象，仍能端然于一旁。

……

拥有紫砂壶的人，是没有寂寞的，每个静谧的夜晚，在橙色的灯光下，就能和紫砂壶悄悄夜话。在茶气飘渺中，在茶香氤氲里，感受着天地之大，万物之灵，人间之味。

紫砂壶的美，乃言之不尽矣。

2016 年 11 月 30 日

一个人的音乐

温馨小屋，独自一人，打开暖色的灯光，燃上一支香，音乐的旋律在香影中跳动。

一曲曲巫娜的古琴，带你入山林，近小溪，静听自然的风声和鸟鸣，想春日的明媚，想夏夜的清凉，想秋色的斑斓，想冬日的白雪皑皑。

一曲曲降央卓玛的歌，将你吹向遥远而辽阔的草原，满眼的绿，绿里流动着朵朵的白云……

香灰打着旋儿，次第落下，香雾一片缭绕。再来一曲舒伯特的小夜曲，夜晚变得甜蜜，一切安然入睡。

山间小道上，独自一人，戴上耳机，音乐响起的一刹那，世界全是你的了。耳边是小鸟的啾啾，眼前是自然的美景，宁静的气息将你包围。大山揽你入怀，风儿和你厮磨，树叶的沙沙声和着耳边的乐声，这是一支怎样的乐队？演奏如此美妙。我如乐队的指挥，狂舞着音符，奏出不羁的乐章。

邓伟标的一曲《空》，荡气回肠，清丽悠扬，那舒缓的乐曲，绵绵地流向远方，又将我狂野的心捂住，继而抚平。静谧的山林和我对视，我羞涩一笑，树叶哗哗……

夜晚独自散步，夜色朦胧，一切都是黑影重重，世界不再那么真切，思绪都在音乐声里了。“黑鸭子组合”是那么唯美，在宁静的夜晚中，真如天籁之音。歌手的声音纯美，让你全心进入，随着她的声音一起飘呀飘。三位女声的不同声部和得如此完美，和谐中见浑厚，立体中有层次，她们将音乐的丰富性演绎得淋漓尽致。

有月亮的夜晚，听一听黑鸭子的《半个月亮》，那叫绝美。轻柔的月色，轻柔的声音，带你上树梢，再入云霄。美丽的故事，就在那半个月亮爬上来时开始了……

一个人的音乐，是静心，是入心，是心与音乐的共缠绵。

2015 年 12 月 21 日

奇妙的瑜伽休息术

身边有朋友练习打坐，说打坐一小会儿，胜过几小时的睡眠效果。一直想听她讲讲打坐的要领和打坐所带来的微妙感受，终未果。

我的一位同学倒是跟我描绘过打坐的几大要领。一是正身，盘腿而坐，上半身直立，头顶如绳索牵扯一样向上，两肩自然垂下，收腹；二是调息，将自己的呼吸调匀，深长而缓慢地一呼一吸；三是静心，摒除所有的杂念，将自己的意念集中在一呼一吸上。如此而已，慢慢地会感受到其中的奥秘。

虽然知道打坐的大致方法，但我并未练习过。可在瑜伽的练习中，每一次的瑜伽休息术，倒是让我感受到了其中的一些美妙之处。

据有关书籍记载，佛教禅宗中的打坐和瑜伽的休息术，有着异曲同工之妙。

几年的瑜伽练习，让我有了一些改变。

能更加专注了。瑜伽的静心和专注练习，让我能在纷繁的环境下，专注于自己的思考，或者是能专注于面前阅读的一本书。若干年前，如果是在候机或候车时，想看一本书的话，会被面前穿梭的人流，或是周遭各种各样的声音所干扰，无法进入书中。而今，我能在任何环境下，全身心地进入深度的阅读。甚至在写作时，也不再对环境那么挑剔了。能在办公室人来人往中，沉浸在自己的思考里，完成一篇文章的书写，当然是在没有工作任务的前提下。

能够安静于当下了。瑜伽练习中，放下身外的一切，全然关注于自己的身体感受，会让一颗躁动的心安静下来。每一场瑜伽练习之后的休息术，让我觉得世界是如此的安宁而又美好。

于是，不知不觉中总想寻找这种安静而又安宁的感觉，读书可以，喝茶可以，练习书法可以……

能够把控自己的睡眠了。因为瑜伽休息术，让我学会了如何将自己的身体在每一个夜晚安放好。那种辗转反侧，数了绵羊数白兔的夜晚几乎没有了。如果遇到难以入睡的状态时，马上将身体平躺，四肢伸展放松，想着瑜伽休息术时老师的引导语，不到一分钟就能进入睡眠状态。

我曾在一篇文章中看到，古人在谈到如何治愈失眠之术时，也是大致如此的。只是没有瑜伽休息术体验的人，即便看到此方法也难以体会其中之妙。

瑜伽休息术的引导方法有很多种，每位瑜伽老师在引导时也稍微有所不同，但只要你全然跟进，都能到达美妙的境界。

有传统而经典的蕙兰瑜伽休息术导语的播放，你会随着蕙兰舒缓而又飘逸的话语，慢慢地进入对于身体的感知或是放松的状态。她会说："放松你的脚趾头，脚背，脚踝……放松你的嘴巴、鼻子、眼睛、眉毛、头皮，直到每一根头发。"顺着肢体到躯体，再从颈部到头顶。随着意念，感受身体，再放松身体，人进入了一种空灵的状态。

有时老师会带着你唱诵，配合着一呼一吸，采用"欧——姆——"唱诵的方法，去感受自己深长而又缓慢的一呼一吸。感受吸气时，气沉丹田；呼气时，从丹田处呼出身体内所有的浊气。此时，世界就是一呼一吸，没有了身体的感知，也没有了一切思绪和杂念，慢慢地进入了一种空寂而虚无的状态。

还有的时候，瑜伽老师会用轻柔而舒缓的导语来带你进入瑜伽休息术。凡瑜伽老师，说话时总是轻声慢语，和风细雨般。瑜伽老师会说，将你的身体如油滴一样四散开来，没有任何的僵持和对抗，让身体放松下来，如躺在沙滩上一样，慢慢地往下陷。如此再逐步地跟着瑜伽老师的引导语，慢慢地放松身体的每一个部位，从脚趾头开始放松，如冰激凌一样放松融化，每个一呼一吸，就如海浪一样袭来又退下。每一次的涌来都会将你的身体逐步地融化，直至虚无不存在。

当瑜伽休息术进入到最后状态时，美妙的体验便开始了。

你会觉得自己像是长了一双翅膀的大鸟，翱翔在名山大川和林海之上，俯瞰广袤的大地，那种葱郁类似于台湾的鲁朗林海，也像是长白山上白桦林的壮观。有时会是在茫茫的戈壁滩上掠过，下面是褐色的砂石和砂石间的簇簇杂草。

如果老师播放带有浪漫闲适意味的音乐，你会被带入沙滩，穿着泳衣，迎着海风，手挽同伴，光着脚丫子走在海滩上。但是你似乎又不是你所见的这一对人之一，你只是感受着这种惬意和美好，远远地在高空俯瞰着这样的情景而已。

如果瑜伽馆特别静谧，灯光一关，你将稍显疲惫的身体完全放下后，在老师的引导语下，便会进入另一个世界。这个世界无限的大，大得无边；无限的小，小得不存在。只有一点思绪的存在，漫游，漂浮，或是仅存一点感知，能感知老师的引导语，能感知思绪下自己的一副身体。但你的感知已经不在这副身体上了。

你能感知一切，但你却不在躯体之内，世界静谧，觉知唯我。

此时，瑜伽老师往往会让你动动手指头，动动脚趾头，但是你听到了，却回不来，也不想回来，沉浸在那个奇妙的世界里。

有一次在看林语堂所写的《苏东坡传》，看到了林语堂描写苏东坡练习瑜伽时的阐述，甚为精准。

> 瑜伽的特点是全部身心的休息，浑身处于完全放松的姿势。最初是集中思想于一点，使思想集于一点还是最低阶段，再高一点儿，使专心于一点进而到一点皆无的沉思，最后达到恍惚出神的愉快境界。

书中还有一段话说："因为在最后阶段，人的心灵活动可以脱离自己而成为自己的观察者。在更为微妙的阶段，心灵以旁观者之身，可以观察两个思想之间那段空白。最后阶段，在心灵里一无所思，而能觉察比较微妙的次原子物质的形式，消除一般人与自我的观念，这个阶段各宗教皆有其不同的宗教解释。"

林语堂将瑜伽休息术的美妙感受、奇妙的感觉，描写得精妙细微。

无论何种方式的瑜伽休息术引导，都有一点是瑜伽老师反复强调的，那就是不能睡着了。瑜伽过程中，身体还是比较劳累的，很多伽友在休息术时容易睡着，那样的话，这种微妙的体验就没有了，而是一觉醒来的感觉。瑜伽休息术时的冥想和睡眠所带来的感觉可是大不相同的。

2017 年 2 月 25 日

我的小院子

我有一个小院子，三四十平方米。四周是一米高的木栅栏，风吹日晒，已是斑斑点点。

对于小院，我曾经有种种猜想：种花、栽树、养小鱼。朋友也曾指导过，铺上绿草，整理一下路径，挖上一个小鱼池。

一年又一年过去了，我始终没能如愿。

倒是每一年的野花野草次第上场，疯狂得没了“淑女、君子”的模样。它们的疯狂，累坏了我的先生。他在野花野草最茂盛的时候，会花上个半天时间，将它们拔个精光。

也是的，这样的疯狂，长满了小院，常常招来别人的眼光。这家人也太懒了，这么好的小院子任野花野草这样疯长。

可每每，我都是欣赏。

那年，院子里长满了长长的茅草。

嫩黄而又飘逸的长茅草，随风荡漾。长长的茅草遮盖了院子的其他野花、野草。小院子的今年，是长茅草的主场。

一场雨水过后，茅草被洗得发亮，那嫩黄的长长叶片上，还爬着一个个黄褐色的小蜗牛。蜗牛的重量让茅草的叶片低垂，上下颤动。那黑中带红的小甲虫，也在雨后的叶片上悠闲地漫步，我目光追随，满心欢喜。

这长满茅草的小院子，别有滋味，一片生机。

又一年的春天，小院子里突然布满蒲公英，像是哪位调皮的孩子在前一年的秋天，将蒲公英的种子洒遍了这个三四十平方米的小院。

一棵棵蒲公英，直立立地挺拔在小院子里，绿色的枝叶不肥不瘦，顶端是一朵朵盛开的小黄花。清晨，雾气氤氲中，它们欣欣然睁开了眼；中午，阳光照耀下，它们热烈奔放起来，引来了一群群白色、黄色的小蝴蝶。那飞动的白色、黄色小蝴蝶，融进那一片花的金黄中，似是流动的色彩，加上阳光的映射，真可谓流光溢彩！

一刹那，我似置身花海……

今年，雨水充足，小院子里起初物种丰富。沿着栅栏处，有三七在蔓延，有薄荷在疯长，还有那几棵腊梅在不紧不慢地，一副悠然。院子靠西南边的栅栏处，是我精心移植的四棵腊梅，一到冬天，小院子全是腊梅的天下。

梅雨期一过，院子里又是一番动人的景象。

葱葱郁郁的全是野豌豆，那长长的藤上长满了密密的叶子，密密的叶子上开满了红艳艳的花儿，红中带紫，灿若云霞。

我是个富于想象的人，一瞬间，我似乎又置身于花海中了。退步于室内，透过玻璃仍在欣赏这一片野豌豆花。地面上绿绿一片，上面是簇簇的紫红。如果是水墨画，该如何晕染？如果是油画，色彩又该是怎样地层层覆盖？

几只灰喜鹊悄悄地飞了进来，它们停在篱笆旁的树枝上，东瞅瞅，西望望。是的，野豌豆花大多还在盛开着，那早一些的花儿却已经孕育了籽儿。这将是灰喜鹊最好的零食，它们继而飞到院子中间小路的石板上，左啄啄，右吃吃，有滋有味。

一阵微风吹过，灵敏的灰喜鹊瞬间飞去，带着野豌豆紫色的梦幻和果实的甜香。

不几日，先生说：

“趁着泥土潮湿，把这疯长的野豌豆苗拔去吧？”

“不要拔，让它们长！”

我慌不迭地说。

我的小院子，有着自然界的一切。

每一年，都有着不一样的风景，那么自然，那么丰富。不需雕琢，无需修剪。想到这些，我对于小院子的构想，竟然完全释然了。

小院子，从此就完全交给大自然了。

2018 年 10 月 14 日

我老家

我老家在吴山镇车左村庞书坊，有老家可真幸福。

有老家，可知四季的更迭和美妙。

春天来了，原野上的枯树和荒草渐渐泛绿了；青青的麦苗见风长，一场春雨过后蹿个老高；油菜也是一天一个样儿，不几天那青中带绿、绿中带紫的嫩油菜就可以炒着吃啦，脆中带甜。

夏天的老家，热烈而芬芳。初夏的稻穗抽着花儿，一阵清香掠过，蹲下来细瞅稻花，那稻花儿娇小害羞，呈黄绿色。各种瓜果儿都在打苞开花，花生的小黄花有力地指向天空；南瓜的大喇叭花儿很是夸耀，不懂掩饰，像北方的娘们儿。还有农民房前屋后的蔬菜地里，辣椒花、茄子花、丝瓜花……这么多的花儿，引得蜜蜂成群地嗡嗡、嗡嗡。

秋天的老家，瓜果遍地。

我老家盛产南瓜，被政府命名为“南瓜基地”。还未进村庄，便可看见坡地上，一个个闪亮的大南瓜，葱茏的瓜秧也藏不住那黄绿的大南瓜。阳光照耀下，更是凸显了一个个硕大的南瓜。还有那大冬瓜。我老家的冬瓜不仅大，还好吃。大冬瓜面面的口感，特别适合红烧和做汤，一口咬下去啊，爽口又甘甜。秋天的老家，还有风吹豆荚的“哗啦啦”，什么绿豆、红豆、大青豆、花豆等，让你的饭桌上三餐不重样。

冬天的老家，更妖娆。

一口口的水塘里，蕴藏着各种鲜美的鱼儿。不几日，农民打鱼，整个村庄都萦绕着鱼香，那可是用大碗盛着吃呢。两大碗撒着葱花的鲢鱼汤，吃得真是滚饱呢。冬日的老家，还有可口的咸货，什么咸鸭子、咸鹅、咸爪子，什么咸鸭蛋、咸萝卜、雪里蕻，让你一顿两碗饭，吃得撑撑的，不几日，你就会红光满面，头上冒油。冬日的老家，还有诗意。大雪纷飞时，广袤大地一片白茫茫。村前村后的树儿全开满了“花”，所有的房屋也都铺上了一层白色绒毯，蓬松松的。池塘越发显得分明，如一块块硕大的碧玉。四周的白雪，似给碧玉镶了一道花边儿。

老家，就是让你不断地想回去，一趟趟，一趟趟。

因为那儿有你熟悉的人儿，在饭桌上、喝茶时，不断地能听到儿时熟悉的名字，可是有一天那人出现在你的面前时，你却叫不出来。他们都变了，从小毛孩变成了大叔、大妈，从帅小伙子、漂亮姑娘变成了老爷爷、老奶奶。

他们在变，却也不变。我的大伯伯从五六十岁时就那副阔腰板，如今是近八十岁的人了，还是那副阔腰板，很荣幸当上了村里的清洁工，穿着个黄马甲，精神得很呢！从早到晚在村子四周转悠，眼睛里容不得一点垃圾。不变的，还有我的大表叔，一辈子因为穷未能娶上媳妇的大表叔，曾经的生产队长，如今的他仍是蹙着眉，一副棱角分明的脸庞，留下了岁月的痕迹。大表叔和大伯伯一起成为村里的清洁工，在庞书坊的前后，在车左村的四周，经常看到的就是两副晃动的“黄马甲”。

说到清洁工，想起了一件有趣的事情。

前几年，我看见村里的村民乱扔垃圾，很心忧，于是和家里的妹妹说，我出钱给村里的每家每户买一个垃圾桶，让他们将垃圾放进垃圾桶里。不久妹妹传话给我说，村里的一位远房嫂子说，不如让你大姐把买垃圾桶的钱给我们，我们去称几斤肉回来吃吃。我听后好笑而又无语。谁知两年后的今天，村里有了清洁工。

看来，我老家是越来越好啦。

老家有我熟悉的人儿，更多是我不熟悉的人儿，每当这时，就会觉得自己好荒凉。那天从儿时伙伴家门口经过时，看到一位大叔似曾相识，这不是当年村子里的那位帅哥吗？他已经不是当年那大眼俊朗的模样了，略微佝偻的背儿，一双大手使劲地摇着铁把手，发动手扶拖拉机。就在对望间，他说：“大立新啊，你比小时候老多了啊！”一听，心乍凉。再一想，咋不就是比小时候老多了呢！

老家的路，是一条清晰而又温暖的路。自从这条路修好以后，每个周末，我的心都会随那条路归去、归去。

那里有我的祖辈，虽然他们有的已经长眠地下。远远地看着他们的坟茔，望着坟茔前的那棵轮廓分明的樟树，我都会在车内喃喃自语：我回来了！我又回来了啊！

说着也很奇怪，自从我在老家有了房子之后，我的梦里父亲就很少出现了，可能是我和父亲的心离得更近了，于是彼此不再那么牵挂了吧。

回老家真好，九泉之下的父亲长眠而安心了。

清晰记得，父亲病重时，自觉不久将离开人世，收拾东西从合肥准备回老家。我坐在父亲床边的地上，无奈而大哭。我委婉地表示，想从小蜀山那儿给父亲买一块墓地，可父亲当时就回绝了，他说要回老家，和我的爷爷、奶奶们在一起。如今，我的父亲是幸福的，他就躺在爷爷、奶奶的身边。

当我读到龙应台的《大江大海》一书时，为那些国民党老兵，从十几岁离开家乡后，就一直未能回到日思夜想的老家而伤心、痛心。那些儿时怀揣几毛钱上街买东西而被拉壮丁，从此一辈子终老都未能回到老家的人是多么的可怜；那些挑着担子，稀里糊涂随船飘荡到台湾后，从此就没能回老家，看看自己的父老乡亲的人是多么的可怜。

余光中的一首《乡愁》道尽了多少人想老家的辛酸。

于右任的《望大陆》说尽了人世间想老家的悲苦。

葬我于高山之上兮，望我故乡；
故乡不可见兮，永不能忘。
葬我于高山之上兮，望我大陆；
大陆不可见兮，只有痛哭。
天苍苍，野茫茫；
山之上，国有殇！

我有老家，随时回得来，可真幸福。

2018 年 1 月 27 日

一生的画面

有些画面，是一生的。

十一二岁时，我每天早起到吴山中学上学。八里的路程，让我每天早晨都在迷糊中惊醒。70年代中期，没有闹钟，更没有手表，全靠自己估摸着时辰。

那是一个秋日的早晨，我同样早起，穿衣、吃饭，再背上母亲缝制的布书包赶路上学。我照例踮起脚跟，抽开院子大门的门闩，门闩的一头翘起撞在门扇上，"当啷"一声，继而两扇木门吱呀地向内打开了。

一幅惊人的画面出现在我的眼前，不远处小角塘的水面上，波光潋滟，光芒四射，那光芒照亮四方。可以看见四周的田野，还有对面那黑黢黢的村庄。在水面中央，有着无数的光斑在闪烁，随着水波不断地游动，如银河，但比银河还要夺目。小角塘四周的水面呈墨玉色，一块巨大的玉石金光四射。

瞬间，我恍惚了，惊艳了，震撼了，脑子一片空白，人也融在这光芒中了。也没有了早起上学时一个人的畏惧。

那是集聚了夜晚月光的亮，那是聚拢了太阳金色的璀璨，那是我看过的一个最神奇的月光水塘。

几十年过去了，一想到那个瞬间画面，我的心都被覆盖了。这是个神奇的画面，有点梦幻，一直在我的脑海中不去。回想一下，准确地说，那天应该是凌晨。

那年之后，我便开始用功读书，不知道是不是这月光水塘的照明？

我所在的庞书坊只有十几户人家，一同上学的孩子很少，弟弟比我低一个年级。初一上学时，每天清晨，只能一个人一路小跑着朝前走。

冬日常常有雾，处在江淮分水岭地带的庞书坊，地势高高低低的，洼地处雾气尤浓。村庄后面的鬼塘埂是我上学时的必经之路，硕大的水面望不到边，长长的塘埂望不到头。雾气重时,能见度只有二三十米。走在鬼塘埂上,雾气浓得我迈不开步子,快要窒息,双腿打软。其实是太害怕了,紧张得肌肉无力,挪不动腿。

走几步,回头望望,后面什么也没有,再后面就是浓雾。朝前再走几步,然后再回头看看,似乎身后有什么紧跟着,可我一回头时,啥也没有。就这样惶恐着走过长长的鬼塘埂……

周围浓雾深锁,看不见任何人,哪怕一只狗,或是一只小鸟的出现,都会给我壮胆。白日里那些猫儿狗儿的,都到哪里去了呢?当我艰难地走过鬼塘埂,来到平地的时候,似乎是用尽了全身的力气,身上汗津津的,或许是累的,也或许是吓的。

这样的冬天,我走过了浓雾,经历了惶恐,独自一人战胜了恐惧。

自此之后,人生中也有过类似的境遇,但有了童年雾中穿越鬼塘埂的经历,我就不再那么惶恐了。一直向前,一直向前,实在惶恐时,再回头看看,继续向前。

岁月流逝,画面明朗。今日的我,如在高空俯视这两幅巨大的画面,静观画面,已有他意。

2016 年 5 月 16 日

笔走课堂

带着教材来听课

若干年前，我在参与教学研讨时，看到时任合肥市小学语文教育学会会长的许俊真老师听课时，总是带着教材，一边听课一边不时地翻看教材中的文章；课后研讨时，也是对着文章，边看边评。那时，我并不知道为什么要这样。

直至我来到了区教研室后，不断地下校听课评课，我也不知不觉地拿着教材听课，拿着教材评课。手中若没有教材，似乎心中没了根据，对于课堂中教学内容的选择和教学设计的优劣，便没有了判断的依据。

那个时候，我一定请校长老师帮忙给我找一本教材，一看见教材，就像每天中午端起饭碗一样亲切而心安。

于是，在区里的每一次课堂教学观摩活动中，我在通知的下方一定加上一条：自带教材或打印课文纸。虽然每次还有老师没带教材听课，但是他们将来的某一天会明白的。

有一次，我来到北二环外的荣城花园小学听课。

张羽校长早早来到教室里，架起了摄像机，为授课老师录像，那时候学校里并没有录播室。我看着校长这样的举动，乐在心里。再一看，听课的座位上都摆着一本今天上课用的教材，我很惊讶！这位教数学的张校长竟如此深谙语文课堂教学研究的本质。身边的业务校长娄燕芳告诉我：荣城每一次语文课堂教学研讨时，都由年级组长负责从同年级的另外一个班级里借来孩子们的课本，作为听课教师使用的教材；下课后再由年级组长收取归还，每一次都是如此。

果然，后来几次再来荣城花园小学，仍然如此。

为什么要带着教材来听课呢？

我想带着教材来听课，就是带着思考来听课。没有哪一位如贾志敏、于永正老师那样对教材中的课文倒背如流。如果眼中、心中没有课文，那么又如何能深刻精准地感受课堂呢？

带着教材来听课，就是一种全方位的思考。

思考这篇文章是几年级的，在教材的什么位置，在哪个单元，以及课文后面的阅读提示是从哪几个方面设计的，包括单元后面的“学习园地”有关本文的练习设计等。

带着教材来听课，就是一种有针对性的思考。

思考这篇文章的文体，篇章结构上的特点，段落结构上的特色，语言文字上的风格等。

这样的思考，必然就会让听课者明晰这节课的目标定位和教学设计妥否，以及由此而确定的教什么和怎么教。

这样的思考，就会使听课者领悟到教者独具匠心的设计，或是教学内容、方法选择上的优劣。

2018 年 12 月 7 日

课堂的生长点在哪里

课堂的精彩是听见拔节的声音，看得到学生的生长。所以课堂上最应关注的是学生，是学生的生长，教师和教学设计的精彩都是为着学生的生长。那么课堂的生长点在哪里呢？

对于学生个体的关注，是课堂的生长点。

当前，绝大多数的语文老师在教学第一课时，都是让学生自读课文后，再在黑板或多媒体上出示生字词，检查学生对于生字词的掌握并伺机指导。个别读、集体读、齐读，的确，这是集中的检查指导，但实际上学生对于本文其他词句朗读究竟如何呢？老师并不知晓，这个时候更需要的是分节读课文。个别分节读课文，能看出来个别学生对于文中的生字词以及其他词句的掌握情况，还能看出学生朗读课文语句时的停顿、语气、通顺与否等。

罗老师在教学苏教版六年级《广玉兰》一文时，让小组同学开火车读课文，一位男同学读到“又似乎有一种淡淡的青绿色渗透出来”这句时，将“渗透”一词读错，这是老师出示在多媒体上的词语中所没有的。罗老师让学生再读，学生自我纠正了读音。

个别分节读课文继续进行，当学生读到“说它玉琢冰雕吧，它又显得那样柔韧而又弹性”，语气显然不是太准确。罗老师让他们停下来，并示范读给学生听，故意将“吧”字延长，显示出一种语气的不确定。学生很快明了，再读即准确了。

记得于永正老师在课堂教学时，也是这样让学生个别分节读课文，然后伺机指导。学生在个别朗读中暴露出真正的问题，于老师即时给予学生指导。

平淡而扎实的教学环节中，我们看到了学生的提升，这就是课堂的生长点。

学生在课堂中的实践,是课堂的生长点。

罗老师在让学生自读课文时,出示了两个问题:(1)读准字音,读通句子;(2)一边读一边思考:课文从哪几个方面描写广玉兰?

接下来,交流第二个问题:“课文从哪几个方面描写广玉兰?”只有个别学生举手。为什么?

分析如下:学生在初读课文时,只关注了读准字音和读通句子,并没有深入下来思考课文从哪几个方面写广玉兰。其二,抽象概括性的思考是学生思考上的难点,小学生独自默思不易深入,也不容易清晰。

此时,可以安排小组合作,请同座位同学讨论一下,或者是请同座位同学互相说一说:“课文从哪几个方面写广玉兰?”或者是请学生各自列出提纲,然后再在全班交流。学生的思考需要在语言表达中斟酌明晰,或者在彼此思想碰撞中得以明晰,或者是在书面语言整理的过程中明晰。

这样的课堂实践环节,才是课堂的生长点,使得学生的抽象概括力得以形成。

同样,当学生明了课文从“花香、花样、叶子”这三个方面写广玉兰之后,需要学生用自己的语言组织概括课文的主要内容,这个环节也需要给学生语言实践的时间;而不是立即在黑板上出示填空题辅助学生概括,因为这篇课文的学习对象是六年级的学生,这也是一篇脉络清晰的文章。

教师适时地指导学生学习方法,是课堂的又一生长点。

我们提倡简约而高效的课堂,希望老师让学生在课堂中尽可能地完成背诵和书写。很多老师在教学实践中做得非常好,留下了背诵的时间并当堂检查背诵。但如何有效地背诵,老师又该如何指导学生有效地背诵呢?

同样是苏教版六年级《广玉兰》这课,学生学习完第二自然段之后,教师请同学们当堂练习背诵,一两分钟过后,请会背的同学站起来背诵。老师双眼扫视了教室的四周,中间一位男同学慢腾腾地站起来了,老师如获至宝,鼓励男同学说:“你是男子汉,真勇敢,如果实在不会背,也可以看看老师黑板上的提示。”这位男同学还算厉害,总算将第二自然段背下来了,接下来,教室里没有人再举手。老师看了看,此环节只好作罢。

可能是对课文内容不熟悉;可能是这段语言过于书面化且富于文学性,学生读起来不是很顺口;也可能是学生积极性不高或胆子小。总之,老师目前尚不知多少学生会背，多少学生不会背，怎样才能让他们当堂背掉？

方法，还是方法。语文学习，重要的是交给孩子学习方法。

老师可以停下来，从容而舒缓地告诉学生，要想很快背掉这段话，得想想每一句大概都说了些什么和这一段是按照怎样的顺序来写的。这一段先写广玉兰花开的时间，接着写花朵的洁净、高雅，然后写花的颜色和质感，最后总写广玉兰花的内涵。

然后，再给学生各自练习背诵的时间。

两分钟后，请同座位同学互相背背。

最后，再请个别同学背，这个时候一定会有若干只小手举起来。因为老师给予了学生背诵的方法和背诵练习的时间，学生怎么可能再背不掉了呢？

最后，老师在课堂上的引导策略，是课堂生长点上的最大亮点。

上海青年新秀吴春玉老师在教学卢纶的《塞下曲》一诗时，让学生通过表演来理解感受诗句“月黑雁飞高，单于夜遁逃”。

学生表演不到位，吴老师亲自示范表演，夜晚月黑，大雁飞得很高很高，单于连夜急匆匆地逃跑。学生稍有感觉了，吴老师请一位同学上台跟着自己照样子表演；再请几位同学跟着老师后面一边朗诵一边表演；最后请全班同学跟着刚才几位同学一起表演诗句“月黑雁飞高，单于夜遁逃”。老师给全班同学领诵，制造出一种紧张而又激烈的气氛。

如果吴老师放过了这一环节，没有针对学生表演不到位而进行有效的指导，那么学生对于诗句的理解和诵读就是浅尝辄止了。

话又说回来，罗老师在教学《广玉兰》第二自然段时，设计了这样一个问题：轻声读课文第二自然段，想想你都读懂了什么？作者哪些地方写得特别好？

罗老师很担心学生说不出来哪些地方写得特别好。这就需要老师事先想好应对学生的引导策略。

如果学生一个都说不上来，老师的引导策略是：请同学们再轻声读读第二自然段，想想哪些地方写得特别好呢？

如果只有一两个学生结结巴巴说了一些词语用得好，老师的引导策略是：请同学们默读课文第二自然段，想想还有哪些句子也写得好？同座位互相交流一下。

如果学生只能说出某些词句写得好，老师的引导策略是：请同学们一边读一边想想，第二自然段的段落结构和描写又好在哪里？

如果前面三个都没效果，学生对这个问题没有任何反应，老师的引导策略是：老师认为这段描写中，有些词语用得生动准确，比如洁净、高雅等，你觉得还有哪些词也用得很好呢？

以此类推，教师分类引导品读。

课堂有了生长点，才会有生长力。那样的话，学生的语文核心素养才能真正得以形成。

2017 年 3 月 27 日

教什么，怎么教

——以苏教版四年级上册《雾凇》为例

《雾凇》是苏教版四年级上册的第22课，本课在教学设计上教什么？怎么教呢？我想可以有以下“三教”。

一教课文的第一自然段。学习雾凇的美，以及作者如何运用四字词表达雾凇的美，然后是词语运用和语言积累。

课文的第一自然段，描写了雾凇的美丽，用了很多的四字词。一方面让学生通过四字词感受雾凇的美，另一方面学习应用四字词。因此，第一自然段的教学设计是：

(1)自读课文第一自然段，从哪里读出了雾凇的美？划出相应的词句。

(2)接下来交流对“洁白晶莹”“银光闪烁”“美丽动人”“闻名全国”等词句的理解。

(3)再请同学们用上这几个四字词描述一段雪景。

(4)最后练习朗读并背诵这一段。

二教课文的第二自然段。学习作者描写雾凇形成的过程，抓住重点词句理解想象，辅助以相关图片或视频，引导学生在了解雾凇形成过程之后，练习背诵。

课文的第二自然段具体描写了雾凇形成的过程，这是本课的重点，也是难点。学生对于雾凇形成的条件以及经过，直到最后形成的美景，缺乏认知和了解。需要在反复的自读想象、和同伴的交流中，以及在教师的指导下，才能理清雾凇形成的过程。因此，第二自然段的教学设计是：

(1)请同学们默读第二自然段，想想雾凇的形成过程是怎样的？划出相应的词句，并作批注。

(2)然后同座位交流或是四人为一小组交流讨论。这个环节时间需要6至8分钟,才可以让学生在语言文字中走上多个来回。

(3)全班师生交流讨论,找出关键词句:饱和的水汽、水温4摄氏度、零下30摄氏度、涌向、笼罩、淹没、渐渐地、慢慢地、轻轻地等,理解感受。

(4)请同学们读读第二自然段,边读边想象雾凇形成的过程。

(5)播放雾凇相关图片,进一步感受雾凇的美。

(6)请同学们说说怎样才可以很快地背诵这一段,可以想象画面来背,可以反复朗读、达到熟读成诵,可以抓住关键词来背,还可以根据这一段有几层意思来背。

(7)最后给学生练习背诵的时间,接下来检查指导背诵。

三教课文的第三自然段。感受雾凇的美丽,理解积累相关语句。

第三自然段,再次感受雾凇的美丽,以及人们对于雾凇的喜爱。特别是文中四字词"寒风吹拂、雾气缭绕、千姿百态、琼枝玉树、情不自禁",以及诗句"忽如一夜春风来,千树万树梨花开",将雾凇之美由自然之态,上升到诗情画意般的美感。理解词句、积累语言是这一段学习的目标。因此这一段的设计是:

(1)请同学们默读课文第三自然段,作者又是怎么描写出雾凇的美的?

(2)交流讨论理解:雾气缭绕、千姿百态、琼枝玉树、情不自禁;忽如一夜春风来,千树万树梨花开。

(3)出示雾凇图片,进一步感受雾凇之美。

(4)读一读这一段,读出雾凇之美,读出诗情画意。

(5)背诵这一段。

这样的"三教"设计,聚集了本课的重难点,也就是说说雾凇是怎样形成的;落实了本课的语言文字积累运用,特别是对四字词的理解和运用;做到了有感情地朗读课文并练习背诵。

而每一段的学习都是让学生充分自读自悟,然后讨论交流的。

多媒体的辅助,都是在学生充分地感悟语言文字之后,再欣赏图片和视频,起到了弥补和升华的作用。

其实,教什么、怎么教的另一面,也就是学生的学什么、怎么学。

2015年12月14日

教什么，怎么教

——以部编教材二年级上册《狐狸分奶酪》为例

《狐狸分奶酪》是部编教材二年级上册第八单元的第2课，这个单元讲的是动物之间的故事，第一篇是根据《战国策·楚策一》改写的《狐假虎威》，第二篇是根据匈牙利民间故事改写的《狐狸分奶酪》。

《狐狸分奶酪》的主要角色有熊哥哥、熊弟弟、狐狸，故事是从怎么分奶酪开始的，结果是奶酪在分的过程中被狐狸吃光了。故事主要是通过狐狸和熊哥哥、熊弟弟的对话来呈现的，这是一篇充满童真童趣的文章。

课后习题有三个方面：

分角色读课文。

狐狸说，他分得很公平，谁也没多吃一口，谁也没有少吃一口。你同意狐狸的说法吗？如果你是小熊，会怎么做？

读一读，记一记。

开始　起始　始终　　　帮忙　帮助　帮手

方便　便利　轻便　　　工整　整体　完整

那么这篇课文教什么呢？

教生字词的学习，教孩子们在各种形式的读文中识字学词。

教孩子们在读文中，感受猜想着熊哥哥、熊弟弟以及狐狸的内心状态，从而读好角色的对话。

教孩子们在读文中，理解词语，通过词语的理解来感受角色的内心状态，从而更好地读好角色之间的对话。

教孩子们理解第一自然段中的“可是”“拌起嘴来”，第四自然段“狐狸笑了笑”中的“笑了笑”，第五自然段“小哥俩嚷着”中的“嚷着”，第六自然段“狐狸仔细瞧了瞧掰开的奶酪”中的“仔细瞧了瞧”，第七自然段“两只小熊又嚷了起来”中的“又嚷”等词语，通过感受角色的内心来读好角色对话，同时采用多种方式来理解这些词语。

最后还要教孩子们就狐狸和熊哥俩的做法发表自己的看法，提高孩子们的认知，训练孩子们的思维，并在这个过程中训练孩子们的口头表达能力。直接讨论课后的第二个思考题：

狐狸说，他分得很公平，谁也没多吃一口，谁也没有少吃一口。你同意狐狸的说法吗？如果你是小熊，会怎么做？

明白了《狐狸分奶酪》教什么了，那么这些内容又该怎么教呢？

围绕怎么教，提出哪些思考题，设计出哪些学习活动呢。

第一课时中，首先是读，在学生自读轻声读中，掌握生字读音和读通句子。其次还是读，在分节读课文中，检查纠正孩子读文时所遇到的问题。第三还是读，默读中想一想文章写了哪些小动物，它们之间发生了怎样的故事。

当然还可以在充分读文识字学词后，将生字词出示在大屏幕上，检查纠正生字词的读音。

一句话，“读霸课堂”。

第一课时中，还得花上10分钟左右的时间来识字、写字。低段的语文教学，要注意激发孩子识字、写字的兴趣以及多种方法识字、写字；充分让孩子们说说怎么记住这个字，还可以组哪些词等；讨论怎么写好这个字，并反复练习，在教师的示范指导下练习。

第二课时，怎么教？

在复习回顾上一节课的生字词和课文大意后，直奔课文的内容学习。

精读课文时，可采用板块式的教学设计。

第一板块：复习旧知，激趣导入。

第二板块：读课文一二自然段，从“高兴极了”以及“小哥儿俩开始拌起嘴来”，体会两只小熊的内心情感，有感情地朗读课文。可让孩子们自读感受，圈画词句，理解内心，有感情色彩地朗读。读的方式可以是自读、默读、同座位互相读、个别有感情色彩地朗读等。

第三板块：引导孩子们学习狐狸和熊哥俩的四次对话，前三次狐狸分奶酪和最后一次两只小熊生气了与狐狸的对话。

这个板块主要的教法就是分别学习四次对话，请孩子们自读并猜想狐狸和两只小熊的内心情感。老师指导时让孩子们抓住狐狸和小熊的语言及说话时的神态动作等，来具体地感受猜想狐狸和小熊的内心。重点抓住文章中一些传神的词语，如“笑了笑”“嚷”“瞧了瞧”“又嚷”等。

通过这些能表达内心的词句感受到了狐狸和小熊的内心后，接下来就是让孩子们带着这样的感受来读角色语言。在读角色语言时，可以反复多种形式地读，如同座位互读，个别读，教师示范读，齐读等。

读熟了语言，读出了狐狸和小熊内心的感受，接下来就可以分角色读了。可以将前三次对话连起来读，自读、小组内分角色读，然后是老师指定角色读。狐狸和小熊的对话读熟了，读出语气了，读得滚瓜烂熟了，然后就可以放下课文，来演一演了。

此时的演一演是孩子们充分地感受了角色的内心，并且能带着感受读好对话，同时前面几个层次的读文，让孩子们将角色语言内化成了自己的语言，所以真正的表演便开始了。

教师教孩子们表演时，可以用上头饰，可以配合动作，语言全是孩子们自己的话语，是说出来的话，而不是读出来的对话。这样的状态，才是学生语言素养和能力的充分体现。

第四板块：小组讨论课后讨论题。

(1)狐狸说，他分得很公平，谁也没多吃一口，谁也没少吃一口。你同意吗？

(2)如果你是小熊，会怎么做？

第一题是感受狐狸的狡猾，感受小熊的生气。奶酪一口没吃到，狐狸还说谁也没多吃一口，谁也没少吃一口，多气人哪！

第二题是让孩子们各抒己见，孩子们也许会说拿回家给妈妈分；也许会说用天平来称；或许还会说哥哥吃大一点的那半块，弟弟吃小一点的那半块；甚至还会说哥哥吃小一点的那半块，弟弟吃大一点的那半块。

这个讨论环节是让孩子们在交流中明事理，明是非，也是个性化地发表自己的见解。

当然，这个环节也可以是分角色朗读和表演来感受狐狸和小熊的角色内心。

此时,孩子们的角色朗读和表演一定很有意思!

第五板块:布置作业。可以布置一个开放性的作业,如回家去寻找有关狐狸的故事,下一节课和同学们交流一下。

2018 年 11 月 28 日

学什么，怎么学

苏教版六年级上册第21课《鞋匠的儿子》，是本册第六单元的最后一篇课文，第六单元主题之一是感知伟人的精神品质。《鞋匠的儿子》一文主要是阅读感知林肯具有什么样的品质，以及作者是通过什么样的描写来表现的。

那么落实在课堂上，学生学什么？怎么学呢？

本文在描写林肯时，主要抓住了林肯在参议院正式演说之前和参议员们对话的三处语言描写及其相关动作描写，来表现林肯身上所具有的伟大品质。另外在文章结尾处，简要地介绍了林肯曾经演说的片断，表现林肯为美国的统一做出了巨大的贡献。

学生学什么，怎么学，可以从以下五个方面来进行。

一学本文的背景资料。

教师首先简要介绍或者让学生提前查阅相关资料，大致了解美国总统和参议院之间的关系，便于理解文章。

二学文中林肯所说的三段话以及对于林肯动作的细节描写。

(1)默读林肯的三处语言描写，写下自己的感受，并有感情地读一读。

(2)给予学生8至10分钟的自读时间，学生边读边做批注，教师巡视指导。

(3)同座位或四人一小组讨论交流。

(4)全班交流讨论。

对于三处语言的描写，提出的思考问题是开放性的，发挥学生个性化的阅读理解。

为什么此处的提问为开放性的呢？而不是让学生读读林肯说的话，说说林肯具有哪些优秀的品质。

“请学生默读林肯的三处语言描写，写下自己的感受”，这样的思考题，为的是充分发挥学生的自主性。学生在阅读思考交流时，可以从不同角度来说，可以说读出了林肯对于别人的尊重，林肯说话时的礼貌；可以说林肯说话的技巧，抓住对方的话语延伸，击败了对方，展现了他的智慧，读出了林肯的镇静、自信、谦逊、宽容；还可以说读出了林肯说话时思维的缜密，真是个了不起的总统。

如果是后一个问题“说说林肯具有哪些优秀的品质？”那么学生在阅读思考交流时，就会直接围绕林肯的品质来考虑，而不能从语言表达的技巧上去思考，学生的思维易受局限，很容易变成找答案式的阅读思考。

三学文中对于林肯动作的描写。

当学生对于林肯的语言描写，沉潜往复、咀嚼涵泳之后，再请学生聚焦文中对于林肯动作的描写，看看又能读出什么？

一处是“等到大家的笑声停止后，林肯说……”

一处是“林肯转头对那个傲慢的参议员说……”

还有一处是“他对所有的参议员说……”

最后一处是“林肯流下了眼泪，所有……”

学生在这几处关于林肯的动作描写中，感受到林肯的镇静、礼貌、不卑不亢、真诚、自信。

因此，对于林肯语言和动作的描写，学生的体会是个性化的，来自不同角度、不同方面的体会。因此林肯的人物形象也被读得丰满了起来，避免了人物品质感悟时的标签化、肤浅化。

接下来，就是让学生们根据前面的阅读理解，有感情地读读课文第二至五自然段，体会人物说话时的内心状态、感受林肯伟大的同时，也感受作者在描写林肯语言和动作上的精到之处。

四学参议员态度的变化。

抓住本课描写的另一条线索，就是林肯演讲前后，参议员们的态度有什么变化？为什么有这么大的变化？请学生再次默读课文，找出关键词语，并作批注。

学生之前对于三处语言描写已深入体会，现在对于参议员态度变化这个问题的理解，应该说是水到渠成。学生很快就在阅读中找到了“羞辱、傲慢、静默、赞叹的掌声”等词语。

五学林肯演讲的风采。

请同学们自读课文最后一个自然段，思考：从林肯演讲的片段中，你又读出了什么？

出示：

他曾经在一次演说中强调，“一个裂开的房子是站立不住的，我不希望这个房子塌下去”，“我所希望的是它结束分裂，它应该成为一个完整的整体”。

首先引导学生感受林肯演讲的语言如何生动形象，将分裂的国家比喻成裂开的房子。

其次学习林肯演讲时，演讲的激情，演讲的动作，演讲的语言感染力等。

最后请学生练习最后一段话的演讲，或者拓展一个演讲内容，当堂练习演讲。

以上五个板块，即本课围绕学习目标而确定的学习内容。

课堂结构趋向于简单清晰时，教师才能真正地关注学生；课堂问题趋向于开放时，课堂才会有学生真正的思考。

2015 年 12 月 17 日

板块式结构例谈

——《九色鹿》的设计思考

《九色鹿》是苏教版小学语文四年级上册的一篇课文，编者将此篇课文和《诚实与信任》《珍珠鸟》两篇文章共同组成一个主题单元。可见，编者意图是把“诚信”作为本单元的主题内涵。

《九色鹿》是一篇神话故事，故事情节曲折，角色形象突出，语言简洁传神，特别是对角色的语言和动作描写，是表达角色形象的传神之处。

四年级学生具有了一定的阅读能力，对于本篇课文的学习，该有怎样的定位呢？

目标可定位为以下几点：一是整体回顾，明了故事情节及角色；二是通过作者的描写感受角色形象，并通过学生的朗读和表演加深理解；三是学生深入学习文章之后，把握角色内涵，进行言语实践运用；四是指导学生复述全文，积累语言。

目标清晰后，本篇课文教什么，又怎么教，如何跳出当前语文教学琐碎而线性的教学流程？当从教学内容和教学方法确定上来突破。以下是实现目标的教学方式之一，以四个板块方式呈现。

整体进入，感知整体。

导入新课之后，让学生快速浏览课文，理清文章大致内容。可提出思考的问题：故事中出现了哪几个角色？试着用简洁的语言说说故事主要写了什么。

自读课文，体悟形象。

给予学生充分的时间自读自悟，让学生和语言文字交汇，沉潜在文本之中。此时，可以提出问题辅助学生自读思考：

（1）九色鹿啊，你是一只（　　　　　　　　　　）的鹿；

(2)一边思考,一边画出相应的语句,并作批注。

师生交流,品读感悟语言、动作描写,可抓住重点词语来理解感悟角色形象;可抓住角色的语言来指导朗读;可采用表演的方式,将角色的内心通过语言、表情、动作等表演出来。

(1)交流描写九色鹿美丽的句子:在一片景色秀丽的山林中,有一只鹿。它双角洁白如雪,身上有九种鲜艳的毛色,漂亮极了,人们都称它九色鹿。

品读描写九色鹿的词语及句子,感受九色鹿的美丽,读好这段话。

(2)交流描写九色鹿勇敢的句子:这天,九色鹿在河边散步。突然,耳边传来“救命啊,救命!”的呼喊,只见一个人在汹涌的波涛中奋力挣扎。九色鹿立即纵身跳进河中,将落水人救上岸来。

品读描写九色鹿动作的词语,感受九色鹿的勇敢,再读好这段话。

(3)交流描写九色鹿智慧的句子:九色鹿从梦中惊醒,发现自己已处在刀枪箭斧的包围之中,无法脱身。再一看,调达正站在国王身边。九色鹿非常气愤,指着调达说:“陛下,您知道吗?正是这个人,在快要淹死时,我救了他。他发誓永不暴露我的住地,谁知他竟然见利忘义!您与这种灵魂肮脏的小人一起来残害无辜,难道不怕天下人笑话吗?”

品读描写九色鹿智慧的语言,感受并读好角色的语言。

(4)品读三处描写九色鹿的句子之后,可让学生再读全文,同位练习表演。可设计两处表演,一处是调达感谢九色鹿的场面,一处是九色鹿斥责国王的场面。

(5)学生表演,师生评价后,可设计一处写的练习。国王知道了故事的真相后,很惭愧,并斥责调达,国王会怎么说:

国王低下头对九色鹿说:“我真惭愧,____________________。”国王转身斥责调达道:“____________________。”最后,他郑重地向全国臣民宣布:“____________________。”

整体回顾,复述故事。

首先指导学生复述的方法,此篇课文的复述方法是首先搞清楚故事的几个角色及故事的情节;其次是抓住角色的形象、语言、动作描写将故事讲生动;再次就是要将主要故事的主要情节说清楚，如九色鹿救调达和九色鹿遇到危险的时候如何脱险的两处情节。

接下来是让学生自我练习复述以及和同位互相复述的过程。

最后请一两位同学当堂复述，师生评价指导。

《九色鹿》一文，让学生在自读中领略故事的大致内容，再读中感受角色形象品质以及作者是如何通过描写来表达角色形象和品质的。在此学习过程中，让学生初步感受到角色的形象品质，以及领略到作者通过描写外表、动作、语言来表现角色的形象和品质后，采用表演和拓展练笔的方法来训练以达成目标。最后，再读全篇，回顾全文，复述《九色鹿》。教师教给学生复述的方法，以及练习复述的过程，包括评价指导提升的过程。

提升目标达成度，给学生充分的自学时间，让学生真正拥有言语实践的时空，让学生真正在课堂中提升语文素养和能力。

2015 年 11 月 17 日

《学与问》板块式设计构想

《学与问》是苏教版六年级上册第七单元的一篇说理性文章,学生对于此类文章阅读不多,教师如何在教学设计中,使学生在认知上初步建立说理性文章的篇章架构,以及如何围绕观点,条理清晰地阐述,并能不同层次地将说理的方法得以运用,是本篇文章学习的主要目标。围绕这样的教学目标,可采用以下板块式的教学设计:

板块一:整体感知,理清文脉。

学生充分自读,感知文章整体架构、行文脉络,以及作者是怎样举例来说明自己观点的。

提出问题一:浏览课文,想想:作者围绕学与问,提出了什么样的观点?(知识是学来的,也是问来的。)

自学。

然后交流讨论。

提出问题二:默读课文,思考:作者又是怎样来说明“知识是学来的,也是问来的”这一观点的?(举了两个方面的事例来说明。)

自读思考。

然后师生交流讨论。

板块二:聚焦事例,感受方法。

(1)阅读第一个事例。

学习活动一:学生自读二三自然段,提出思考题一:作者用哥白尼什么样的事例来说明观点?

学生默读。

小组交流。

全班师生交流。

师小结并指导学生朗读、体会。

学习活动二：默读二三自然段，思考：作者从哪两个方面来说明的，请你用上两句话分别概括一下。（哥白尼对科学的不懈追求，正是从好问开始的；我们要学会多问，并学会跟身边人多请教。）

学生浏览。

思考批注。

全班师生交流。

师小结并指导学生朗读、体会。

（2）阅读第二个事例。

学习活动一：学生自读，思考：从沈括的事例中，你读懂了什么？（在求知的过程中，我们还要善于把勤学好问和观察思考结合起来。）

轻声朗读。

同位交流。

全班师生交流。

指导朗读。

学习活动二：课文举了两个事例来证明自己的观点，快速浏览，你读出了两个事例又有什么不同？（第一个事例是说学会多问，学会向身边人多请教；第二个事例是说在求知的过程中，勤学好问和观察思考要结合起来。不同的是第一个事例侧重于问，第二个事例侧重于观察思考。）

快速浏览，思考。

全班师生交流。

师小结。

板块三：回顾全文，总结提升。

（1）请学生再次通览全文，说说作者围绕学与问的观点，是怎样来证明自己的观点的。

（2）还有哪些事例和名人名言也可以用来证明这一观点？

板块四：拓展迁移，学以致用。

（1）作者围绕学与问的观点，举了两个不同方面的事例来证明自己的观点，最后又在文章的最后一段再一次强调拓展学与问方面的观点。请你将本文的脉络列个提纲。

学与问:先提出作者的观点:知识是学来的,也是问来的;哥白尼好问,学会好问,学会请教;沈括将勤学好问和观察思考相结合;最后再一次强调自己的观点。

(2)请学生联系生活实际,学习本文说理的方法,举例来证明自己的一个观点。

出示观点供学生选择:《诚信是做人之本》《同学相处要谦让》,任选一个观点。

自我列提纲。

同桌互相练说。

全班交流。

师生评价。

板块五:作业。

课后修改自己的课堂练习,下节课召开专题演讲。

2015 年 12 月 17 日

“变序”当慎重

有的教师在带领学生学习课文时，喜欢打乱文章结构上的顺序，希望上出“跌宕起伏”的课堂；希望采用“变序”的上法，能在设计上有所创新。

“变序”究竟如何？先看一下两个案例。

苏教版六年级下册第 18 课《广玉兰》一文，有教师在教学时，先引导孩子聚焦到课文的第三自然段，然后再学习课文的第二自然段和第四自然段。

这篇课文的第二自然段描写广玉兰花的色彩和质感，第三自然段写广玉兰花的不同姿态及由其而产生的联想，第四自然段写广玉兰的叶子，以及叶子对花朵的衬托。

再如苏教版五年级下册第 17 课《月光启蒙》一文，有教师在教学时，引导学生由题入手，然后直接出示课文的最后一段来让学生品读感悟。最后一段如下：

“母亲不识字，却是我的启蒙老师。是母亲用那一双勤劳的手为我打开了民间文学的宝库，给我送来了月夜浓郁的诗情。她让明月星光陪伴我的童年，用智慧才华启迪我的想象。她在月光下唱那些明快、流畅、含蓄、风趣的民歌民谣，使我展开了想象的翅膀，飞向诗歌的王国。”

《月光启蒙》一文，先后描写了作者童年时，在夏夜的篱笆小院里，母亲在柔和的月色之下给他唱歌谣、讲故事、唱童谣、猜谜语。在写母亲唱歌谣时，同时还写了作者的感受和联想。在写母亲讲故事时，同时还写了作者在月夜之下的感受，即“此时明月已至中天，母亲沉浸在如水的月色里，像一尊玉石雕像”。

在略写唱童谣和猜谜语后，文章最后一段揭示了母亲对于我的“月光启蒙”。

两种“变序”设计的教学流程，如果从作者行文的脉络和学生阅读的认知规律上来说，似乎有所不妥。

不妥之一

凡文章皆有文脉，文脉是文章生命的关键之处，就如人的气脉一样。脉畅则顺，生命则长。文脉也是作者在行文时思路的体现，是作者围绕表达的内涵和情感，将选择的素材有顺序地书写连接，形成一体。有的时候，文脉的前后顺序有着逻辑性的关联，如说理文、说明文等；有的时候，文脉的前后顺序是按照作者的观察和游览顺序来确定的，如写景、游记等；有的时候，文脉的前后顺序是作者在行文上巧妙构思、独具匠心之体现，如《广玉兰》《月光启蒙》等。

《广玉兰》一文，文脉是作者先写广玉兰花的色彩和质感，广玉兰花的色彩和质感是吸引作者眼球而又让作者无法言说的一种美。继而细细观察描述了广玉兰花的各种形态以及产生的联想，“远远看上去，一株广玉兰就像是一个数世同堂、生生不息的大家族”。最后写了广玉兰的叶子，以及叶子对花的衬托，“有了它的衬托，广玉兰花便显得格外皎洁、格外清丽了”。

作者的巧妙构思在于，先写花的色彩和质感，是广玉兰花的特别之处，每每吸引着作者。由此而引发作者细细地、静静地立足观察和联想。最后写叶子自然是在花之后，叶子的样子及对花的衬托。这样的文脉，既是集中表现花之美，又是作者行文上匠心独运之处。

如何能“变序”？

《月光启蒙》一文，文脉是作者由童年的夏夜永远是最美妙的，继而写了母亲唱民谣、讲故事、唱童谣、猜谜语，最后是抒发作者对母亲“月光启蒙”的一番感慨。其中在叙写唱民谣、讲故事时，作者加进了自己的感受和联想，写出了月夜和母亲的美，写出了月光下的启蒙。

这样的行文脉络，是自然而然的，如涓涓细流在涧上跌宕流淌，最后汇聚“一潭”。

如果我们打乱了文章的脉络，岂不是扰乱了这“美妙的月光启蒙”？

不妥之二

凡文章，在学生精心阅读时，都是对于文章认知建构的开始。初读时读准字音，读通句子，再读时读懂字词句，读懂段落和篇章。

依据文脉来阅读，会给学生在认知上建立一个顺序，这个顺序是符合文章脉络，也是符合学生的阅读心理的。如《广玉兰》一文，学生在认知上会建立一个作者先写广玉兰花的色彩和质感，接着细致地描写广玉兰花的不同姿态，最后写广玉兰的叶子这样一个顺序。这样的顺序会给学生的认知搭一个大框架，接着再细细感受作者如何具体生动地描写花的色彩和质感、花的姿态和叶子。

依据文脉来阅读，会让学生领会作者行文脉络时的独具匠心，也更能轻松地领会作者表达的内涵和情感。如《广玉兰》一文，主要是描写广玉兰的幽香与纯洁，继而在行文的最后揭示了本文的内在主旨“更爱广玉兰无比旺盛的生命力”。作者将笔墨重点放在花的色彩和质感、花的不同姿态上，再略写叶子，最后自然归结到本文的主旨。这样的构思及其精巧之处，只有按照文脉来阅读，才会慢慢感受到其中的妙处。

《月光启蒙》一文，也只有依着文脉，才会让学生跟着作者渐入佳境，在月光下，从母亲唱民谣、讲故事、唱童谣、猜谜语，感受到月夜之美好、月光之美妙，母亲甜甜的嗓音像三月的和风、像小溪的流水，小院飘满了芳香的音韵。直到最后“母亲在月光下唱的那些明快、流畅、含蓄、风趣的民歌民谣，使我展开了想象的翅膀，飞向诗歌的王国”。

如何能“变序”？

依据文脉来阅读，会让学生明晰文章的整体架构，知道作者围绕文章的题目和主旨选择哪些内容，又是如何将这些内容连接成文。内容安排时，该有一个怎样的顺序？日积月累，行文的方法自在一篇篇文章的学习中建立。这样学生写文章时，就会形成一种习惯性的构思，搭建好文章的架构，形成文章的文脉。

带领学生学习课文时，“变序”当慎重！

2016 年 4 月 3 日

话说“整体感知”

我们经常会看到教学分析和教学设计中出现“整体感知”一词，文章为什么要整体感知？如何来整体感知文章？我想先谈谈为什么要整体感知。

如生活中我们认识一个人一样，这个人一定是以整体风貌出现在你的面前，他（她）的面貌身形，他的言谈举止，他（她）的气质风度。这是对一个人认识上的整体感知，认识这个人一定是他（她）的整体风貌留在你的脑海里，也许你会对这个人的眼睛或声音印象深刻，但不是单一记忆的。文章也是如此，读了一篇好文章，我们会为文章的语言风格、篇章布局、情感内涵而深深地感慨。也许我们会对文中某些词句印象深刻，但不是仅仅就这些词句而感慨文章之好。

这也许就是我想说的整体感知的第一点。

相较于国外的母语教学，我们的语文教学中没有开设阅读和写作这两个方面的课程，以至于学生写作方面的能力一直是相对薄弱的。直至小学高段，有些孩子仍然不能写出一篇具体生动的文章。说得有些笼统，其实就是如何能围绕一个主旨，学会选取素材，并能够有逻辑地组织素材，在写作时，具体生动并做到详略得当。在这方面，我们的孩子做得不是很好。

为什么？是不是平常教学中，我们过度地将教材里的文章碎片化了呢？

曾经，在语文课堂上，我们的老师在没让孩子整体读文的前提下，就将文章逐段地呈现在大屏幕上，带领孩子一段一段地学习。我总觉得文章被肢解了，只见局部不见全貌，肢解后的文章已经没有了生命力。作者写文章，是一气呵成的，段与段之间有着关联和变化，很多微妙之处只有在全篇阅读、细读、回读、跳读中才能感受到。而逐段出现在大屏幕上的阅读，是一种碎片化的阅读，孩子无法感受到全文的面貌和精髓，也体会不到阅读的真正滋味和快乐。

而我们习以为常地抓住重点词句理解课文的教学方法，有时也是断送文章生命力，阻隔孩子和文本全然相触的一个障碍。

文章的意蕴和情感不是某几个词或某几个句子就能完成的。有的作家行文时，语言朴素如水，没有什么惊天的词语和句子，就如白居易的诗《赋得古原草送别》一样。

离离原上草，
一岁一枯荣。
野火烧不尽，
春风吹又生。

文章的整体架构、布局谋篇、再现画面、情感抒发、意蕴深藏，才是文章的生命力所在，也是读者要在反复阅读中所要揣摩体悟、深思顿悟的。如此，学生才可以领悟到如何选择材料、组织材料，从而表达自己的情感和意蕴。

这也许就是我想说的整体感知的第二点。

下面就如何整体感知文章，列举三个教学片断，旨在说明如何带领孩子们在语文学习中整体感知。

苏教版四年级下册有篇文章《我不是最弱小的》，老师在教学中是这样设计环节的。

(1)请孩子们浏览课文，一起回顾：课文主要写了哪些人和物？谁能简要地说说他们之间发生了一件什么事。

(2)孩子们七嘴八舌地讨论发言，老师板书：爸爸　妈妈　萨沙　野蔷薇

(3)师生讨论理清了人物之间的关系，老师在上面板书词语之间，继续板书几个词：给　给　掀　盖

(4)这时黑板上的板书整体呈现是：爸爸　给妈妈　给　萨沙　掀　盖　野蔷薇

(5)接下来师生讨论他们之间发生了一件什么事。

孩子们在这一环节中明晰了文章的大致内容，并能用简洁的语言概括出文章的内容，更为重要的是，孩子们清楚了人物关系，以及人物之间发生的事情，明白了弱小和最弱小的含义，从而明白怎样才能保护最弱小。

所以,该老师在接下来的教学环节中带领孩子们体悟妈妈和萨沙的对话时,孩子们的体悟深刻而独特。朗读文章时,也是恰如其分。

这是一则精读课文之前的整体感知片断教学。

苏教版五年级下册《谈礼貌》一文,是一篇说理性的文章。在对于小学阶段,这样的说理文不是太多,如何让孩子在阅读中感受到说理文的思路清晰,逻辑严密,以及基本的成文结构方式,可能是在小学高段需要重点突破的一个问题。

文章在结构上是总分总的方式,每一段的结构是分总的方式。全文在选材上先是选用古代史书上的事例,然后是选用当今普通人和名人身上发生的事例。

学习这样的文章,如果单纯定位于学习懂礼貌以及如何懂礼貌,显然不是这篇文章的价值所在。而如何让孩子们学会阐述一个道理,用上合适的事例来证明这个道理,才是这篇文章真正的价值所在。最后还要让孩子们将这样的论述方法落实到实处,就是选择身边的一个事例,仿照文章中的段落构成来写一段话,这也是课文后面的第三题:选择一个能说明礼貌待人好处的事例,先说一说,再写下来。

而如何达成以上的目标,那就是整体感知,让孩子在不同方式的阅读中,反复整体感知全文,理清文章的架构,理清文章的段落结构,理清文章在选取素材说理上的匠心独运。可以在整体感知过程中,让孩子们用列提纲的方式来理清文章的结构和脉络。

这是一则以整体感知为整节课框架设计的课堂教学。

苏教版五年级下册《月光启蒙》一文,是一篇抒情散文。文章意境唯美,语言极富感染力,是作家孙友田的一篇回忆性散文。这篇文章的丰富性,使得其在实际教学时,教学设计的切入点很多。有直击文中的歌谣,感受歌谣之美;有直击文中的月光,感受月光之美和月光启蒙;有直击文中母亲之爱,母亲之爱如月光之皎皎,月色之溶溶。无论以何种切入方式进入文本的学习,绕不过去的一点就是整体感知。

在整体感知中,明晰文章选取了母亲启蒙孩子时的哪几种文学样式,也即唱歌谣,讲故事,唱童谣,猜谜语。这几种文学样式有着共同点,也有着细微的不同之处,但都是民间文学的代表。

在整体感知中,明白作者在具体叙写每一个文学样式启蒙时,所用的笔触是不一样的，唱歌谣是详写，讲故事是略写，唱童谣是详写，猜谜语是略写。

在整体感知中，明了作者通篇采用的是夹叙夹议的方法来书写的。

在整体感知中，体味到母亲是在月光下给“我”唱歌谣，讲故事，唱童谣，猜谜语；体味到歌谣中的月亮之美，故事中月亮之神奇；体味到母亲的温润细微如月之华光；体味到母亲给“我”的文学启蒙如月光启蒙一样。这样，最后才可以让孩子们充分地阐述对于课题月光启蒙的理解和感受。作者为什么用月光启蒙作为课题？没有统一的标准答案，因为文学的多义性、文学的深意、文学的诗性，每一个读者都能读出不同的方面。

这是一则以整体感知为教学策略的课堂教学。

整体感知，是文章阅读不可忽视的一个重要环节。它不仅是初读课文时的感知，也不仅是理清文章脉络结构时所用，它是阅读教学中随时可以使用的一个教学环节，特别是精读细读文章之前，绕不过去的一个环节。它也可以是整节课使用的教学策略。

注重整体感知，我们才可以避免语文教学中“不识庐山真面目，只缘身在此山中”的偏颇。

2017 年 5 月 7 日

言语之处皆实践

如今的语文课堂，教师们很注重言语的实践和运用，特别是吴忠豪先生提出的“语文教学的本体性”，以及管建刚老师提出的“指向写作的阅读教学”，让过度关注语文内涵和情感体悟的课堂有所转向，于是在语文课堂中，我们看到很多老师对言语实践和运用的设计。

有对于段落结构的仿写，如围绕中心句写具体；有对于语言表达方式的仿写，如比喻、拟人、排比句式等；有对于事物描写手法的仿写，如细节描写、点面结合、详略得当等。其实课堂中，处处都有言语实践和运用，而不仅仅局限于精读课文时设计的言语实践和运用。课堂中，凡言语现象都可以是学生言语实践和运用的过程。

如学习苏教版四年级上册《莫高窟》一文中的第三自然段：

“莫高窟不仅有精妙绝伦的彩塑，还有四万五千多平方米宏伟瑰丽的壁画。壁画的内容丰富多彩……”

师问：这样的句子叫什么句子？

生答：过渡句。

师问：过渡句的作用是什么？

生答：承上启下。

这样一问一答的背后，学生中有多少人能真正明白这是过渡句？又有多少人真正明白如何承上？如何启下？承上启下的句子好处在哪里？

因此，这个教学环节，不妨让学生同位之间互相讨论一下，这个过渡句承接上文的什么？连接下文的又是什么？然后全班交流的时候，一是让学生们分别说说：过渡句承接上文的是什么？连接下文的是什么？过渡句的作用是什么？

二是让学生连起来说说这三问。三是让班上不同层次的学生用自己的话来说说:过渡句承接上文的是什么?连接下文的是什么?过渡句的作用是什么?如果是借班上课,那就多请几位学生,甚至是不举手的学生,也请他说说看。

“过渡句”的教学环节,大多数老师在教学时,师生一问一答即过。其实,当你细细思考一下学生学习的心理,以及结合文章的具体内容来理解过渡句时,就可以来个深究,那么仅此一次扎实的训练,就可以让学生明晰过渡句的语言范式及作用。深究的过程,也是学生言语实践和运用的过程,特别是让不同层次的学生用自己的话来说说过渡句承接上文的是什么,连接下文的是什么,过渡句的作用是什么。练习说好这样完整的一段话,就是学生言语实践和运用的一个突破,也为今后将一段话说清楚、说具体打下良好的基础。

可见,看似平常的一个教学环节,也可以是学生言语实践和运用的训练过程,落实得好,就可以很好地提高学生的语言素养和能力。

再如第一课时教学时,理清文章脉络后,老师带领学生学习概况文章主要内容的教学环节,也是学生言语实践和运用的一个训练点。大多数老师在处理此环节时,只是给予学生提醒:语言再简练一些。其实概括课文主要内容,岂止是语言简练的问题,它牵涉到学生对于文章脉络的整体把握,主要内容的高度凝练,语言的组织和提炼。这需要在老师引领下进行言语实践,这样学生的言语能力才能有效地得以提升。

同样是苏教版四年级上册《莫高窟》一文,在学生理清文章脉络后,老师请同学们试着用自己的话来概括一下文章的主要内容。

师问:谁用自己的话说说本文的主要内容是什么?

生1:课文写了莫高窟是祖国西北的一颗明珠。

师问:谁再来说说看本文的主要内容是什么?

生2:课文写了莫高窟保存着两千多尊彩塑,写了四万五千多平方米宏伟瑰丽的壁画,写了莫高窟里还有一个面积不大的洞窟——藏经洞。

师问:再请一个同学简要地说说看。

生3:莫高窟是举世闻名的艺术宝库,这里的每一尊彩塑、每一幅壁画,都是我国古代劳动人民智慧的结晶。

显然,三位学生的言语在对《莫高窟》主要内容的准确概括上都存在着一些问题,老师应该有针对性地引导学生概况文章主要内容的方法和策略。

针对生 1 的回答，老师可以是：请你再次快速浏览课文，看看作者围绕莫高窟都写了哪几个方面的内容。

针对生 2 的回答，老师可以是：你能不能用自己的话，抓住关键词简要地来说说呢？

针对生 3 的回答，老师可以是：你能结合课文中具体描写的几个方面来说说吗？

接下来，让学生们再一次浏览全文，试着用自己的话说说，或和同位互相说说，然后再请同学们来概括课文的主要内容。这就是老师根据学生的发言，伺机指导如何用简练的语言，抓住文章的要点来概括全文的主要内容。

教学环节，不是要学生说出答案，或者接近答案即可；也不是要个别学生或部分学生说出问题的答案即可；而是要有学生说出答案的言语实践过程，要有大多数甚至是全体学生能说出答案才可。

由此可见，语文课堂上凡言语之处，皆是学生言语实践和运用之处。

2015 年 11 月 13 日

“读写结合”问题的设计

语文教学中，需要教师们二度开发教材，将阅读的理解和表达有效地结合，提升孩子们的阅读理解能力和表达能力。

近日看到一节读写结合的课例，给了我诸多的启发，坐在这样的语文课堂中，有一种舒心的感觉，语文有救了。

这位陈老师的教学步骤为：首先，请同学们回顾：《灰椋鸟》这篇课文主要讲了什么内容？然后，默读课文第四自然段，说说灰椋鸟给你留下了什么样的印象。圈画相关词、句，再写一写自己的感受。第三步，出示一个鱼类迁徙的视频，请同学们试着写一写。最后出示孩子们的练笔，全班交流。

课堂板块清晰，逻辑性强，学生自学、交流、练习的时间非常充分，是一节好课。但好课总是有遗憾的，陈老师带领孩子们聚焦课文第四自然段时，在引导孩子们体会作者如何写的方面，用力不准，用力不够。

课文第四自然段是这样的：

> 一开始还是一小群一小群地飞过来，盘旋着，陆续投入刺槐林。没有几分钟，“大部队”便排空而至，老远就听到它们的叫声。它们大都是整群整群地列队飞行。有的排成数百米长的长队，有的围成一个巨大的椭圆形，一批一批，浩浩荡荡地从我们头顶飞过。先回来的鸟在林内不停地鸣叫，好像互相倾诉着一天的见闻和收获，又像在呼唤未归的同伴和儿女。后到的鸟与林中的鸟互相应和，边飞边鸣，很快找到自己栖息的处所，与熟悉的伙伴汇合。

从陈老师整节课的设计思路上可看出，其主要目标是落实到学生的仿写上，而第四自然段提供给孩子们的写作范式主要是有顺序，观察细致，用词用句生动准确。具体引导孩子们精读课文第四自然段时，应该关注作者先描写的是一小群灰椋鸟，盘旋着飞过来，陆续投入刺槐林；接着关注作者描写"大部队"是如何飞来的，先是写叫声，再写大部队飞行的形状；最后写先后飞回来的灰椋鸟的叫声以及由此而产生的联想。

因此，让孩子们精读第四自然段时，陈老师提出问题："请同学们默读课文第四自然段，说说灰椋鸟给你留下了什么样的印象。圈画相关词、句，再写一写自己的感受。"是否可改为——请同学们默读课文第四自然段，想象灰椋鸟归林的壮观场面，思考作者是如何来描写这个场面的？圈画并作批注。

之所以这样设计问题，我想其因有四：

一是课文中场面描写的分辨及感受对于五年级孩子已经不是难点，而作者如何描写才是难点；

二是在五年级孩子的语文素养和能力上，将文章写生动具体是最大的难题，而本课第四自然段正是解决这个难题的范本；

三是关于场面描写的方法，最主要的是在孩子的脑海中建立画面感，然后才是有顺序地将自己看见的或者是想象的情景描述出来，而第四自然段正是这样的范本；

四是孩子们在写作的时候，不能因为好词好句的限制而扰乱了写作的思路和情感。如果说用上好词好句，那也是表达时候的顺其自然。否则，为了用上所谓的好词好句，反而影响了孩子写作时的正常表达。

课文的教学内容选择很重要，这关乎教学目标的达成；课文的教学方法选择更重要，这关乎教学目标是否有效地达成。如果，陈老师这节课在学生自学课文第四自然段时，能聚焦作者如何来写灰椋鸟归林的场面，继而全班交流讨论的话，那么后面的读写迁移练笔将更精彩，孩子在本课关于场面描写的习得将惠及一生。

再次聚焦一下陈老师的问题设计和我的建议。

陈老师是这样设计的：

请同学们默读课文第四自然段，说说灰椋鸟给你留下了什么样的印象。圈画相关词、句，再写一写自己的感受。

我的建议是这样的：

请同学们默读课文第四自然段，想象灰椋鸟归林的壮观场面，思考作者是如何来描写这个场面的。圈画并作批注。

2017 年 4 月 28 日

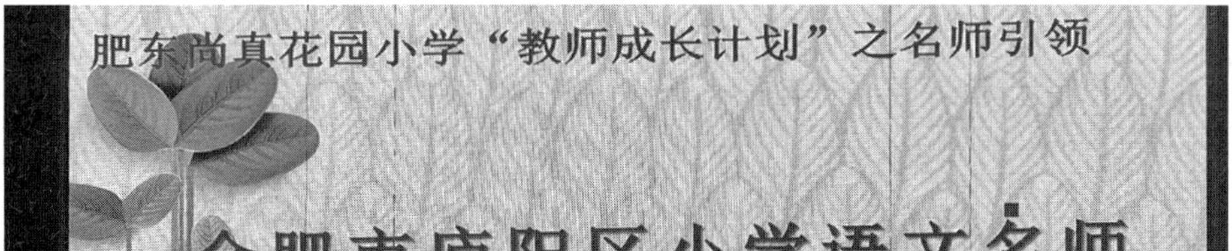

品读“问题设计”

——以《美丽的丹顶鹤》为例

三位老师同时教学苏教版二年级《美丽的丹顶鹤》第二课时，复习导入新课后，老师带领孩子们精读课文的二、三自然段。

丹顶鹤有一身洁白的羽毛，而脖子和翅膀边儿却是黑的。它的头顶就像嵌着一颗红宝石，鲜红鲜红的，怪不得人们都叫它丹顶鹤。

丹顶鹤很逗人喜爱。它的腿长，脖子长，嘴巴也很长。丹顶鹤不论是在地上引吭高歌，还是在天上展翅飞翔，都显得那么高雅。传说丹顶鹤是神仙的旅伴，所以人们又叫它仙鹤。

精读课文，老师们首先想到的就是布置思考题，让学生们自读思考，然后再在全班交流讨论。那么《美丽的丹顶鹤》二、三自然段的学习，究竟如何来提问呢？下面是三位老师在课堂教学时的进行和设计。

A老师是这样进行和提问的：

(1)快速读课文，想一想文章哪几个自然段写了丹顶鹤的美丽。然后师生交流讨论得出二、三自然段是写丹顶鹤的美丽。老师跟着抛出第二个问题：(2)哪些词语是写它的美？学生自学后，老师带领孩子们开始交流二、三自然段中描写丹顶鹤美丽的词语，再指导孩子们读出美的感受。

B老师是这样进行和提问的：

(1)读第二自然段，边读边画出喜欢的句子。学生自读后，老师带领学生交流喜欢的句子，品读词语，再指导朗读。接下来的问题是：(2)读第三自然段，画出喜欢的句子，读给同学听一听。下面交流品读，指导朗读如上。

C 老师是这样进行和提问的：

老师首先出示自学提示：读课文的二、三自然段，边读边思考。

(1)你从哪些句子感受到丹顶鹤是美丽的？用笔画下来，并试着说说你的体会。

(2)想象画面，把你体会到的美读出来。

学生 5 分钟的潜心自学后，老师带领学生交流所画的句子，再交流各自对于句子和词语的理解体会，继而由文中的词语及句子拓展延伸并练习说话，然后是指导朗读并背诵。

你认为哪位老师的问题设计更好些呢？直言不讳，我更欣赏第三位老师的问题设计，其因有四：

一是老师能以学生“自学提示”而出示，旨在倡导学生自学，并在学生自读环节中，足足给了 5 分钟的自读时间。

二是老师在问题设计中，有着方法上的指导和渗透。第一问中“如用笔画下来”“试着”“说说体会”等词语是学生自读的方法指导，第二问中“想象画面”便是朗读的方法提示。

三是老师问题的设计，符合二年级学生的认知水平，如“试着说说体会”，如“想象画面读句子”。

四是老师能在问题设计上给学生一个“整”的概念，从读二、三自然段，到读、思、想、说、背，这是一个完整的学习过程，也正是老师对于学生语文学习能力形成的本质性把握。

2015 年 11 月 8 日

导入之法

每节课的导入环节,是老师们颇为用心的地方。

导入环节,既是让学生们快速收心的环节,又是快速将学生引导到本节课学习内容上的环节。同时,此环节又不能占用太多的时间,不可喧宾夺主。

今天所说的导入,单说第二课时。

首先,通常的导入方式,是老师的语言导入。

"上节课我们初读了×××文章,今天我们将继续学习×××这篇课文。"

或者是:

"上节课我们学习了×××文章,谁能说说看这篇文章主要说了什么?"学生思考回答后,老师切入正题:"今天我将继续深入学习×××课文。"

以上的导入,便捷。

其次,是老师通过检查学生读词语或是听写词语来导入。

三年级的一篇文章《蒲公英》,一老师在教学第二课时的开始,用多媒体出示了一组词语:

嘱咐　降落伞　生根长叶

泥巴　金灿灿　竞相开放

请学生个别读,基本无误;再请学生集体读,读完后进入文章段落的深入学习。

同样是三年级的一篇文章《小露珠》,另外一位老师在教学第二课时的开始,齐读课题后,用多媒体畅言教学通出示了孩子们在课外拍摄的小露珠图片,欣赏完后,请同学们自读课文二至五自然段,思考:在小动物们的眼中,小露珠是什么样子的?

两种导入,哪一种更好?

显然,第二种导入,连接了学生,连接了学生的课外活动,连接了学生的内心。这样的导入,让学生很快进入文章的学习,无论是兴趣还是学习的动力,都被此环节大大激发。

以上第一种导入,是不是有点例行公事般?三年级的读词语应该不是重点难点所在了,此环节可否改成检查学生分节读文章?这样既能发现学生能否读准字音,又能发现学生是否读通句子,同时,还可以在深入学习之前,将全文的内容和脉络熟悉一遍。

这使我想起全国著名特级教师于永正先生,他在教学一篇课文时,让学生反复读课文,自由读,分小节开火车读,男女同学读。然后,再检查学生个别读,如果学生整体朗读水平不高,于老师就范读课文。他声情并茂的朗读,让学生深深地折服并从中悟到朗读的技巧。

反复读全文,是于老师教学语文的前奏曲。

那么,我们现在的第二课时,能否从读课文开始呢?虽然不甚好看,也不那么精彩,甚至还很耽误时间。可是,课堂的时间不给孩子们读课文,还能有什么比这更重要的呢?

读词语来导入,可能更适合一二年级的孩子们。而三年级第二课时的导入,读读词语似乎有为了此环节而设计此环节。

再来看看报听写导入课文。

在没有看到薛发根老师在第二课时开始报听写时,年轻老师在公开课时是不敢报听写的。但是在现实的语文教学中,听写是语文教学不可缺少的一个重要环节。

老师们觉得公开课的每个环节都要设计精彩,别出心裁。于是乎,在第二课时导入时,花样迭出,有激情演说的,有诗歌导入的,有视频导入的等。

薛发根老师的报听写导入,无疑让语文老师们脑洞大开。这么平常的教学环节也可以出现在公开课上!

薛老师在报听写时,选择有必要听写的词语,还有句子,这就加大了听写的难度。中高段的学生,有必要听清楚一句话并能准确地写下来,这是很重要的语文能力。

其次,薛老师在报听写时,有一定的速度,特别是高年级。薛老师报的速度很快，学生明显写不下来。此时，薛老师引导学生掌握快速听写的方法，可以将每个词语的首字写下来，后面再补写。

最后，听写报完后，薛老师并没有结束，而是将学生听写的词语展示出来，让学生们评价书写的正确与否，以及如何将字写得工整端正美观，一一纠正后再重写。

如此的报听写，是切切实实的导入环节，更是货真价实的教学环节。

导入，无论是第一课时还是第二课时，都有很多的方法。有的纯粹是形式上的一种导入，而有的却是货真价实的导入。

2016 年 10 月 12 日

导入的设计

一节课的导入环节，每每是老师们用心设计的一个教学环节。

其因，一是开课的第一步，总想奇巧新颖，来个匠心独运。

但为什么要设计导入环节？导入环节怎样设计才是最好、最妙的设计？

每节课的导入环节，是让学生集中思想和注意力，引发学生的学习兴趣，更快更好地走入本节课学习的内容。

导入的关键是快速、便捷而高效。因为开课的前 20 分钟是多么的宝贵，对于小学生来说，教学的重难点最好紧紧地抓住这前 20 分钟。

可是实际教学中，我发现很多老师是为了设计而设计，苦费心思，得不偿失。往往是绕了半天才回到了正题上，听课时那个着急呀，我的心都像猫抓似的。

有一次听两位老师上《青海高原一株柳》。

一位清秀儒雅的男老师走上讲台，有点神秘地问同学们：

“今天是什么日子？”同学们面面相觑，想举手的胳膊又按住不动了。

老师换了一个问法：

“今天是什么日期？”

同学们小声地回答：“12 月 1 日。”他们仍然不知道老师的葫芦里卖的是什么药。

老师也是呼出了一口长气，接着说道：

“今天是一年中的最后一个月，最后一个月的第一天，我们有没有信心度过这最后一个月的第一天？”

同学们齐声回答：

“有！”

这时,教师才出示本课要复习的几组词语。

我和几位听课的老师,都替这位男老师捏了一把汗,现在总算松懈下来了。

这样的导入新课设计,和本课《青海高原一株柳》没什么关联。太绕了,绕得繁复,不是导入,而是导远了。

再看第二位老师的《青海高原一株柳》。

这是一位文静美丽的女老师,语言舒缓而有魅力。

课堂伊始,女老师用多媒体展示了一首诗,并配上画面和音乐,请学生们朗读《如果有来生》这首诗:

如果有来生,要做一棵树,
站成永恒。没有悲欢的姿势,
一半在尘土里安详,
一半在风里飞扬;
一半洒落阴凉,
一半沐浴阳光。
非常沉默、非常骄傲。
从不依靠、从不寻找。
如果有来生,要化成一阵风,
一瞬间也能成为永恒。

三毛的这首《如果有来生》,真的是很美,配乐配画的诗歌,让整个课堂都变得非常柔软。就在这时,女老师一个转弯,将大家的思绪带到了文章《青海高原一株柳》上来了,请同学们自读课文一、二两段,并质疑。

《青海高原一株柳》的一、二两段是这样的:

这是一株柳,一株在平原在水边极其普通极其平常的柳树。

这是一株神奇的柳树,神奇到令我望而生畏的柳树,它伫立在青海高原上。

我不知道此时孩子们的思绪如何,当时的我随着三毛的《如果有来生》似漫步在广袤的沙漠上，看见一棵独立不羁的爱情树，正在爱的孤独和痛苦中苦苦地追寻……

虽然孩子没有成人的爱情经历，不会如我所想所思，但孩子们一定在苦苦地思考并想象《如果有来生》的这棵树的模样。

用《如果有来生》的这一棵树来导入《青海高原的一株柳》，究竟是导入了，还是导远了，甚至是导出了。

三毛的这一棵树，不是陈忠实笔下的这一株柳。

一个是诗意的、爱情的，一个是生命的、精神的。

这样的导入，是为了导入而导入，为了精彩而精彩，为了设计而设计。可是与本节课的核心相去甚远，并没有起到辅助、引发、铺垫本课学习的作用，也没有起到让学生快速走入文本中的效果。

记得，不久前听了一年级的一节课《江南》：

江南可采莲，
莲叶何田田，
鱼戏莲叶间。
鱼戏莲叶东，
鱼戏莲叶西，
鱼戏莲叶南，
鱼戏莲叶北。

老师的导入，是用多媒体播放中国地图，让孩子们找出长江，然后认识江南和江北。继而辅助了方向的认识：早晨面向太阳，前面是东，后面是西，左边是北，右边是南。可是地图上的东西南北，孩子们似乎还是不太清楚，而通过地图上的长江来认识江南，孩子们对于方向的认识即可明了，上南下北，左西右东。

这个时候，老师从地图上江南的位置再导入到江南的美景图，认识江南夏日之美。

然后才出示课文，老师带领孩子们读汉乐府《江南》。

这个导入，老师用了很多的心思。

准备了地图，联系了以前的认知，拓展了江南夏日美景的认知。而这些都是为了导入《江南》这一课，也真的是难为了老师呢。

其实，一年级的汉乐府《江南》，课文图示很美，很入境，拿起书，看图读文加上想象表演，很快就能将孩子们带入“莲叶何田田”的美景之中了。

导入，其实不用花费太多心思，再精彩的导入，也只是辅助本节课的学习而已。

何况，有时候费尽心思的导入，不是导入，而是导出、导远了呢！

2017年12月6日

读“霸”课堂

一年级小朋友到了下半学期，在识字的同时，开始了课文的学习，在阅读文章中识字学词。

看见很多年轻老师在课堂中精心设计，从教师导入到学生自读，从检查自读效果到初读文章第一部分，然后再到指导书写。

在检查学生自读环节，老师从出示带拼音的词语，到去掉拼音的词语，再到逐个的生字认读，检查的环节用时用力颇多。

然后学习课文的第一部分，老师也是采用了中高段学生自读课文的方法，让一年级的小朋友带着问题初读课文的第一部分，一边读一边画出相应的词语。

今天听到的这节课，是一年级的老师教孩子学习《晨光》一文。老师说：“晨光都叫醒了谁？用笔圈画出来。”

接下来，老师带领孩子们讨论“晨光都叫醒了谁？”

然后出示带拼音的词语，不带拼音的词语；带拼音的生字，不带拼音的生字。请孩子们用不同方式反复地读。

这样的方式没错，完全符合阅读教学的步骤。但是仔细一琢磨，似乎还是有些许不妥。先看看《晨光》这首儿童诗：

晨光叫醒了风，
风叫醒了树，
树叫醒了鸟，

鸟叫醒了云。

云变成了雨滴，
滴落在大海上；
海水变蓝了，
洗亮了升起的太阳。

太阳睁着亮眼睛，
望着树，
望着花，
望着鸟，
到处花花绿绿，
到处热热闹闹。

课后有哪些要求呢？

生字表上需要学习的生字是：

“晨、醒、滴、落、睁、望、热、闹”。

然后是积累运用词语和读读说说诗句“晨光叫醒了风，风叫醒了树，树叫醒了鸟，鸟叫醒了云”。

最后是朗读课文，背诵课文。

从课文后面设计的三个习题来看，识字、积累运用词语和说说诗句以及读背课文是这篇课文学习的目标。而识字、积累以及读背课文，最有效的方式仍是读。

读，是这节课最主要的教学策略。读，可以贯穿课堂，正如一位青年新秀所说：读“霸”课堂！

但，这里读的是课文，而不是单纯的词语和生字。

读文是识字的最好的方式和方法。

随着一遍遍地读文，生字和新词不断地复现，在语言环境中复现，生字的音形义就会清晰而又牢固地印在孩子的脑海中。这种方法比单纯地挑出一些词语让孩子反复读更有效，因为学完一篇课文，能经常复现在孩子脑海中的是这篇课文中一行行的文字，而不是老师挑出来的某些词语。

最主要的是，我们通常把读文学习生字词语的过程变成了老师在多媒体上出示一行行词语检查认读的过程了，检查生字词语的过程大大超过了读文学习生字词语的过程。试想，如果我们在课堂上将个别读，开火车读词语，变成了个别读，开火车读课文的话，那么孩子对于生字词学习掌握的效果是多么丰富立体而又多元。

读文是积累理解词语的最好方式和方法。

俗话说：书读百遍，其义自现。小学生理解词语就是要在语言环境中潜移默化。也就是在读文中，积累理解词语，以后遇到类似的语言环境，这个词语自然地会从脑海中蹦出。如果我们只是机械地将生字出示，然后搜肠刮肚地来组词，这样的效果远不如读熟课文，然后再来适当地进行生字组词练习。

语文教学专家无数次地说过，字不离词，词不离句，指的就是此意。也许这个孩子说不清楚词语的意思，但是孩子会知道，这个词语需要填写在这个位置，这就是孩子认知语文世界的开始。

读文是流利地朗读课文，直至熟读成诵的关键。

一年级小朋友对于世界的认知，正是在开始用眼睛认知现实世界和读文字认知世界之间进行对应和连接。世界是什么样的，语言是如何来表达这个样子的；语言所描述的世界，现实中再次看见时真的是这个样子的。

如此，熟读成诵，将语言文字印在脑海里。积累大量的语言范式是低年级孩子最重要的事情，这样的话，继续读文便有了基础；认知世界便有了对应；表达交流也水到渠成。

这么一说，可否将一年级的课文学习，变成孩子们充分地读，而不是匆匆地自读一遍就开始自读检查，出示词语？能不能让孩子们同桌互读课文，开火车分节读课文，再个别读全文，甚至老师范读带读课文？

这么一说，可否将带着问题读并圈画词句，然后讨论半天说不出个所以然，变成让孩子们比赛读课文，齐读课文，表演读课文，甚至是带上头饰分角色读课文？

最后，所有的孩子在课堂中都能背诵课文，这将是一年级课文学习的最高境界。

充分地读文学习掌握生字词，再检查。

充分地读文，直至熟读成诵。

最后留下充分的时间让孩子们在老师指导下书写。

读“霸”课堂，这或许才是一年级课文学习比较有效的方法吧。

2017 年 3 月 4 日

加上“想象”读词语

——词语教学片断

刘老师今天带领二年级的小朋友学习苏教版的一篇课文《美丽的丹顶鹤》，她笑盈盈地将词语打在屏幕上：

遥远　嘹亮　逗人喜爱　引吭高歌　展翅飞翔

高雅　传说　黄海之滨　三五成群　无忧无虑

刘老师请小朋友们各自读读词语，然后请几位小朋友再个别读词语，并适时正音“吭”“滨”等。

接下来，刘老师笑眯眯地说：“我在读这些词语的时候啊，脑海里浮现了很多美丽的画面，你在读这些词语时，脑海里浮现了哪些画面呢？”

生 1 说：“我想到了去姥姥家里的时候，路很远很远。”

生 2 说：“读这些词语的时候，我面前好像有丹顶鹤，很动人。”

生 3 说：“读‘展翅飞翔’，我想到坐飞机时，想长出翅膀，在蓝天展翅飞翔。”

生 4 说：“我以前看书时看到过一个传说，我想当传说家。”

教室里，一阵笑声。

刘老师高兴地说：“请小朋友们加上自己的想象，再读读这些词语。”

个别读，集体读。

很显然，这时候小朋友的朗读不仅语音正确，而且还读出了对于词语的理解。

最后，刘老师说：“当我们通过想象来读词语、练习说话的时候，就容易将词语读出感觉，将语言说得清楚、明白。”

品读：

刘老师给孩子们自读自悟时间，尝试在前，检查指导在后。

老师将自己放在一个学习者的位置，和孩子们平等交流，把自己读词语的方法和孩子们分享。

老师给孩子们充分的想和说的机会，小朋友们的思维有了出口。在说的同时，既产生联想，又加深理解；既理解了词语，又练习了说话。

最后，刘老师适时地总结学习词语的方法："当我们通过想象来读词语、练习说话的时候，就容易将词语读出感觉，将语言说得清楚、明白。"

多么善解人意的刘老师！

2015 年 11 月 7 日

又是“出示生字新词”

当今的小语课堂，存在着一个普遍的现象。那就是阅读课的第一课时教学，在学生自由轻声读课文之后，教师立即将带拼音的词语呈现在大屏幕上，请学生读，去掉拼音后再读；接下来将带着拼音的生字呈现在大屏幕上，请学生读，去掉拼音后再读。

孩子们在个别读时，时有读不准、认不得的情况出现，完全可以理解。当孩子们集体齐读生字词的时候，齐整的声音，几乎是听不出谁不读，谁读错了的。

我常常在思考：这样的教学环节设计用意是什么？

大家一定会说：是检查生字词掌握情况，适时给予指导啊！或许还会说：个别读，集体读，是孩子们掌握生字词的学习环节啊！

好像不可以这么简单地认为。

孩子们学习生字词，更主要的途径是在读文中掌握习得，反复读课文，看清楚每句话，看清楚每句话中的词语和生字，这样学习生字词语才是最温暖、最有效的途径。

曾记得于永正老师在阅读教学中教学第一课时的情景。于老师让孩子们各自轻声读课文之后，一定是再请孩子们分节读课文，开火车读或指名读。在读书的过程中，全班孩子和于老师都是拿起书，静听每一位孩子读，同时于老师适时、适当地给予孩子们正音并指导，如长句子的停顿、句子的语气等。

这样反复地让孩子们的眼睛和文中的生字词耳鬓厮磨，混得相当熟，哪个生字在哪一行，在哪一个句子的什么位置；哪个词语在文中的哪一处，都能清楚地明白。试想孩子们对生字词还能读不准、不理解吗？

著名词人李清照和她的夫婿赵明诚，常常在读书时探讨问题，猜题喝茶。他们会回忆出某个答案在哪一本书哪一页哪一行，他们能说出某个典故、某个词语，甚至是某个字在哪一页的某个角落。反复读书，读文章，会在记忆中留下一个系统而整体的印象，而对于文章中的某些语句、词语也会牢牢地印在脑海中。

我们的语文大师斯霞老师提出的“随文识字”，其原理就是在语言环境中识字学词，是将这一处的生字词语通过随文阅读来学习。如此，生字的学习，词语的理解是自然而然，水到渠成。

实际上，在大量阅读时，对于生字新词，我们大多也都是在阅读的语言环境里猜测估摸的。把这个陌生的词语拿出来，也许读不出音，更说不明是什么意思，可是一放到文中，就如鱼儿放入水里一样，词语立刻就活了起来，发出了声响。

前几年，我在阅读一本竖排繁体字书时，开始很不习惯，特别是很多繁体字根本不认识。奇怪的是，五六页读完之后，我基本上能无障碍阅读了，习惯了竖排，繁体字也不成了问题，意思能完全明白。甚至还能从语言环境中推断出很多繁体字的真面目，简化后是什么字。可如果将这些繁体字从文中拿出来，一一排列，我就认不得了。

所以，我在想，老师们可否做些调整？也像于永正老师那样，在反复读文中学习掌握生字词，低年级可以让孩子一边读一边画出文中的生字词，并反复读读，或同座位互相读读，再分节读一读。在大屏幕上出示生字词，一定是孩子们自读、互读、分节读之后，再在大屏幕上出示。切不可在学生自读一遍之后，甚至还没有回过神来，老师立即在大屏幕上出示生字词并检查，或者是让孩子们反复读这一行行生字、词语，作为学习生字词的主要过程。其实，这样的教学环节是低效的。

杨绛在《我们仨》一书中写到她的女儿钱瑗是如何识字的。

钱瑗小时候跟着表姐后面读书，每天都读那一本童谣，读着读着，最后在表姐拿书时，坐在表姐对面的钱瑗，倒着看书都能读出书中的词句。可见反复阅读、大量阅读，是识字的主要途径和有效方法。

“出示生字新词”，这个环节可以稍微滞后一些，放在孩子们自读、互读、分节读之后。

“出示生字新词”，只能是在充分读文，在语言环境中识字学词之后的检查巩固，而不能作为识字学词的主要途径和过程。

多一些时间让孩子们读文识字学词,多一些机会让孩子们自读课文,互读课文,分节读课文。

一切的生长自在过程中。

2018 年 12 月 2 日

低段教学片段赏析

——以《美丽的丹顶鹤》为例

刘老师教学苏教版二年级《美丽的丹顶鹤》一文时,教学很有方法。

教学“丹顶鹤有一身洁白的羽毛,而脖子和翅膀边儿却是黑的。它的头顶就像嵌着一颗红宝石,鲜红鲜红的,怪不得人们都叫它丹顶鹤”这一段时,老师带领学生学习理解“嵌着”和“鲜红鲜红”这两个词语。

如何来指导学生理解运用呢?刘老师出示了幻灯片,幻灯片上有着一支带橡皮的铅笔,还有一个镶嵌着红宝石的戒指。让学生观看后,老师便借助图片上的铅笔和戒指,告诉学生铅笔头上的橡皮就是“嵌”在铅笔头上的凹槽里,戒指上的红宝石就是“嵌”在戒指上面的凹槽里。接下来,刘老师就让学生说说,丹顶鹤的“头顶就像嵌着一颗红宝石”句子中“嵌着”是什么意思,问题迎刃而解。

此时,刘教师是通过引发学生生活体验和借助多媒体来帮助学生理解句子中“嵌着”的意思。

刘老师是个有办法的老师。

接下来,刘老师和学生对话。

师说:“鲜红鲜红”是什么意思?

生说:很红很红,很鲜艳。

师说:为什么用两个“鲜红”?你们脑海中可有其他像这样的词?

很多学生一连串地说:粉红粉红、金黄金黄、深蓝深蓝、碧绿碧绿、淡蓝淡蓝、瓦蓝瓦蓝、火红火红、雪白雪白、碧绿碧绿……

刘老师出示了鲜红鲜红、粉红粉红、金黄金黄、碧绿碧绿、乌黑乌黑,并说:“你们比我想得还多啊!”学生们此时都美滋滋的。

理解了句子中“嵌着”和“鲜红鲜红”两个词语，那么句子的学习刘老师又是如何匠心独运的呢？

老师出示了：因为____________所以____________。

请小朋友们将刚才学习的句子“它的头顶就像嵌着一颗红宝石，鲜红鲜红的，怪不得人们都叫它丹顶鹤”填上去，很多小朋友在私下说“因为丹顶鹤的头顶就像嵌着一颗红宝石，鲜红鲜红的，所以人们都叫它丹顶鹤”，如此，句子的学习理解就包含在这个说话练习中了。

刘老师真是个有办法的老师。

继续往下学习。

刘老师说：我这里有一只丹顶鹤，它的羽毛失去了美丽的色彩，看哪位小朋友能把它的颜色填写完整，让它的羽毛变得漂亮起来。

接下来出示：

丹顶鹤有一身________，而________却________。它的头顶就像________，____________，怪不得____________。

小朋友们欣欣然地填写好词语，刘老师又说：你们真能干，填写完整后，看谁能把这段话背下来呢？

小朋友们叽里呱啦地背起来，此时的背诵已经是水到渠成了。

刘老师说：学完这一段，你体会到了丹顶鹤的什么美？能用一个词来说说吗？

小朋友：颜色美。

刘老师：我这儿还有一只大公鸡，它现在已经飞不起来了，却依然保持着傲人的雄姿，谁能照着我们刚才学习的这段话，也来说说。

出示：大公鸡有一身__________，__________和__________是__________，像__________，__________。

生1：大公鸡有一身黄色的羽毛，脖子和翅膀边儿都是火红色的，像一团火焰，美丽极了。

生2：大公鸡有一身火红色的羽毛，翅膀和尾巴都是红色的，像一片片枫叶，英俊潇洒。

二年级的孩子说出这样的话，我的心里真是温暖极了。

刘老师真是一位善于引导学生的好老师啊!

好的教法,总是如刘老师那样“随风潜入夜,润物细无声”。

2015 年 11 月 9 日

教学片段比较

——以《开天辟地》为例

《开天辟地》是苏教版四年级上册的一篇神话故事。本单元还有两篇课文分别是《普罗米修斯盗火》和《一路花香》。本单元旨在让学生感受神话故事和寓言故事的文体特点以及其中蕴含的道理。

《开天辟地》一文,目标可定为:

(1)有感情朗读课文,并背诵课文六、七、八自然段。

(2)通过语言文字的感悟,了解神话故事想象丰富的特点,感受盘古的伟大。

在一节第二课时精读课中,教师请学生自读课文,并提出自读思考题:自由读描写盘古开天辟地和化生世间万物的自然段,画出神奇想象的句子,想一想盘古是位怎样的大神?

两三分钟自读环节之后,师生课堂交流。师生先交流了课文中描写神奇想象的句子,学生分别读读自己所画的句子,然后交流盘古是位怎样的大神。

师:你觉得盘古是位怎样的大神?

生1:力大无比的大神。

师:嗯。(教师点点头,若有所思,估计这个“力大无比”不是教师心中的答案)

生2:无穷神力的大神。

师:是这样的吗?(教师仍然不满意,将头转向别处)

生3:无私奉献的大神。

师:是呀!还有呢?(教师的语气里有着兴奋,眼睛里有着光芒)

生4:这是一位勇于牺牲、无私奉献的大神!

师:你真会读书!(教师迅疾转身在黑板上板书:勇于牺牲、甘于奉献)

在一节引导自学课型中,教师出示自学重点和自学提示后,请学生在15分钟时间内自学并作批注。

自学提示:

(1)读一读:描写盘古开天辟地和化生世间万物的自然段;

(2)划一划:富有神奇想象的词句;

(3)写一写:阅读时的体会;

(4)想一想:还有什么不理解的问题。

开始自学了,每位学生都沉浸在阅读和思考中,不时地传出学生自学时的自语声和翻页时的哗哗声。教师俯身观看学生自学情况,逐个点拨指导。

五分钟过后,大多数学生开始作批注了。他们在书中描写盘古的词句段落边写上这样的一些阅读感受:

生1:盘古有决心,有毅力。

生2:盘古甘愿奉献、勇于牺牲、情愿受苦。

生3:盘古像一根长柱子撑在天地之间,我们常人是不可能这样的。

生4:盘古死后化生万物,这是我们不可能做到的。

生5:盘古是位勇敢而善良的大神。

生6:盘古为我们打造了美丽的世界。

生7:盘古最后微笑着倒下了。

生8:盘古死了化生万物,而我们死了就会fuxiu,所以这很神奇。(估计"腐朽"一词他不会写,用拼音代替了)

生9:盘古都要死了,还想着天会不会合拢。

自学15分钟结束后,全班开始小组讨论。一小组四位同学在小组长的带领下,开始汇报讨论。

首先是各自小声读读自己觉得描写神奇的地方;然后是轮流说说阅读后的体会以及盘古是位怎样的大神;接着互相补充并确定小组代表总结本组发言;最后是提出自学时不理解的地方并作讨论。

在最后提出不理解的地方并讨论解决时,四人小组是这样讨论的:

生1问:盘古昏睡了一万八千年,怎么就突然醒了呢?

生2答:神话无所不能!就像动物冬眠一样,到时候就醒了。(学生读懂了

神话故事的特点）

生3问：大神身边哪来的板斧和凿子呢？

生4答：说不定是盘古昏睡前就造好了，放在自己的身边，醒来后随手就拿来了。（学生用神奇的想象来解答同伴的问题）

两种课型，同样是对于神话故事想象丰富的感受，同样是对盘古大神的感受，但学生思维及表达的丰富性是不一样的；同样是学生与文本的对话，学生与学生的对话，学生与教师的对话，学生在个性化的解读和提出问题、解决问题的层次性上是不同的。

我们的教学是要一个标准答案，还是要学生的不同角度的个性化思考？我们的教学是要学生知道答案，还是要学生关于答案的思考过程？

2015年11月20日

引导点拨，只差一步之遥

精彩的课堂，莫不是在教师指导下学生的精彩纷呈。

越是教师指导得艰难，甚至是启而不发，久久的等待之后，学生的豁然开朗、学生的童心稚语，越会让人怦然心动，难以忘怀。

可惜的是，很多时候，老师们并不能一步一步地引导，慢慢地等待。特别是公开课时，更没有胆量和耐力来等待花的迟开。有的时候，甚至是只差一步之遥，又匆匆折返。一边听课的旁观者无不摇头叹息。不久前，我便看到这样的一幕。

师：同学们，请默读课文，想想课文主要有哪几个主要角色，并试着用简练的语言说说课文主要讲了一件什么事。

2 分钟后……

一男生：课文讲了在一片景色秀丽的山林中，有一只鹿，它在河边散步时遇到了正在喊救命的调达，九色鹿跳进河中将调达救上岸来。调达万分感谢，说愿意永远做九色鹿的奴仆。九色鹿说只要你不向任何人泄露我的住处，就算是知恩图报了……

男生接着又说了调达如何告密，国王如何惩罚等，老师按捺住性子听完孩子的讲述。

师：你都会复述课文啦！我们要求说说课文主要讲了一件什么事，用简练的语言。谁再能用简练的语言说说看？

一女生：课文讲了在一片山林中，美丽的九色鹿救了落水的调达，调达千恩万谢，发誓要报答九色鹿。九色鹿说只要你不向别人说出我的住处，就算是知恩图报了。后来调达看到了国王的皇榜，为了发财，就出卖了九色鹿。九色鹿在梦中醒来，发现已被国王的军队包围。看到站在国王身边的调达，九色鹿气愤地说：“陛下，我救了快要被淹死的调达，他发誓永不暴露我的住处，可他竟然见利忘义！”国王听了很惭愧，斥责了调达并重重惩罚了调达，并下令再不许伤害九色鹿。

老师也是按捺住自己，听完了这个女孩的讲述。

师：这位女同学的概括，稍微简练了一些，但语言仍然不够简练。其实文中有两幅图，根据图意就能很好地说出课文的主要内容。

出示两幅图：一幅是九色鹿救了调达，调达跪在地上磕头致谢的场景。另一幅图是国王斥责了调达并重重地惩罚他，下令再也不许伤害九色鹿的场景。

此时，学生中有些小小的触动，听到了一些不由自主的声音。

师：课文主要的角色是九色鹿和调达，我们可以用箭头的指向来表明两者之间的关系，并用关键的词语标在箭头的上方或下方，来表明两个角色之间的关系。

教师一边说，一边板书：

救

九色鹿　　　　调达

出卖

师：谁来说说课文主要讲了九色鹿和调达之间的什么事呢？

生：九色鹿救了调达，调达出卖了九色鹿。

师：这就是文中两个主要角色之间的关系，用这样的方法可以简要地说出课文主要讲了一件什么事。

……

我走出教室，仍然觉得在挠痒痒，没有挠到痒痒的位置。多好的引导铺垫，多好的指导契机，多好的顺水推舟，多好的顺学而导，只可惜，教师没能及时接住孩子投过来的球，而按照自己的一厢情愿往下进行。

具体说有以下几处良机错失。

第一处

一男生的回答，没能简要地说说一件什么事，反而是具体讲述了课文的故事。教师没能指出如何简要说说课文主要讲了一件什么事，那就是抓住主要的角色以及角色之间的关系，只是笼统地说了一句不痛不痒的话：“你都会复述课文啦！”

第二处

当一女生再次来说说课文主要内容时，虽然比男生稍微简练了一些，但仍然是将课文的主要故事情节一一描述，显然没能抓住这篇文章的主要角色，以及用简练的语言说说这篇课文讲了一件什么事。教师给予了女生肯定，并指出语言仍然不够简练，但没有进一步指导如何将语言简练些。其实将女生回答的四个语段，分别凝练成一句话即可：九色鹿救了调达，调达出卖了九色鹿，九色鹿向国王揭露了调达，国王重重地惩罚了调达。

如果教师能听明白女生的发言，并适时地让女生凝练自己的语言，这样所有的孩子在听的过程中，也学会了如何用简练的语言来说说课文的主要内容了。

第三处

教师用了课文的两幅插图来启发学生如何抓住主要人物，来概括课文主要讲了一件什么事。这是非常好的一个学习策略：依据文章中的插图来抓住课文的主要情节概括课文主要内容。可惜的是，教师此时并没有让学生对照插图，自己先说一说，或者是同座位互相说一说，这个自主思考和练习的过程没有给予学生，使得这个环节的教学策略没有发挥很好的作用。教师一边板书一边自己说了出来，好可惜！

好可惜的一幕。如果我们能仔细地倾听学生的发言，如果我们能及时地应对学生的发言，如果我们能多一些放手，如果我们能给予学生更多一些练习，学生自己说说，同位互相说说，小组内讨论讨论，学生课堂上语文的核心素养和能力才可以真正得以形成。

2018 年 12 月 7 日

如何达成“这一个”

教材里的选文，都是精挑细选的，每篇文章都有诸多可圈可点之处。但当教材作为课堂上教学内容的时候，又不能倾其所有，而是尽可能地精简。

选择什么样的教学内容，是基于让学生形成什么样的学科素养和能力而定。学生学科素养和能力的形成，决不是一蹴而就的，更不是蜻蜓点水般地面面点到。需要老师对所选择的教学内容进行过程化的设计，充分地让学生在学习过程中自读、思考、练习，最后达成预期的“这一个”目标。

苏教版四年级下册的《我不是最弱小的》一文，单从内容理解上几乎没什么教学重点可选择。这是一篇传统式的教育类文章，作者是教育家苏霍姆林斯基，意在通过一件事情让学生明白如何保护比自己弱小的事物，如何让自己成长为不是最弱小的。如果仅仅在此目标上做文章，极容易变成肤浅说教，或是空洞式的概念。

上城国际小学的韩老师，独辟蹊径，教学过程简约，教学效果却相当好。

韩老师围绕教学目标，选择的教学内容是萨沙和妈妈的一段对话：

> 萨沙问道：“妈妈，爸爸把雨衣给您，您又把雨衣给了我。你们干吗这样做呢？”
>
> “每个人都要保护比自己弱小的人。”妈妈回答说。
>
> “这么说我就是最弱小的了？”萨沙反问道。
>
> “要是你谁也保护不了，那你不就是最弱小的了吗？”妈妈笑着回答说。

围绕这段对话，韩老师采取的教学策略是：

(1)都说言为心声,课文中,萨沙和妈妈有好几次对话,让我们来体会萨沙和妈妈的话中意、弦外音。(学生自读课文三到八自然段,划出描写萨沙和妈妈的对话,再想一想这些话语的言外之意,然后同位之间交流。)

(2)老师出示了萨沙和妈妈的对话(略)。

(3)请孩子们交流每一句,说说这句话的话中意、弦外音,并让孩子们试着将自己的理解通过朗读表达出来。每一句的体会都是非常微妙的,下面将孩子们的发言简单记录。

萨沙问道:“妈妈,爸爸把雨衣给您,您又把雨衣给了我。你们干吗这样做呢?”

生1:萨沙心里觉得好奇。

生2:萨沙是反问妈妈、爸爸。

生3:萨沙对妈妈、爸爸的做法表示不解。

生4:我从“呢”字读出了萨沙的疑问。

“每个人都要保护比自己弱小的人。”妈妈回答说。

生1:妈妈的意思是要保护弱小。

生2:妈妈说的是每个人,强调每个人。

生3:妈妈的意思是萨沙是弱小的。

“这么说我就是最弱小的了?”萨沙反问道。

生1:萨沙有点生气了。

生2:萨沙是反问妈妈。

生3:萨沙不甘心弱小。

生4:为什么爸爸不直接把雨衣给萨沙?

“要是你谁也保护不了,那你不就是最弱小的了吗?”妈妈笑着回答说。

生1:妈妈的话中意思是萨沙还可以保护别人。

生2:妈妈是婉转地告诉萨沙。

生3:妈妈是鼓励萨沙,让他保护弱小。

生4:妈妈的话是来刺激萨沙的。

(4)请同桌练习分角色朗读对话。

(5)试着给四句话的提示语加上修饰词语。

萨沙(　　)问道:“妈妈,爸爸把雨衣给您,您又把雨衣给了我。你们干吗这样做呢?”

“每个人都要保护比自己弱小的人。”妈妈(　　)回答说。

“这么说我就是最弱小的了?”萨沙(　　)反问道。

“要是你谁也保护不了,那你不就是最弱小的了吗?”妈妈(　　)笑着回答说。

(6)阅读体会萨沙将雨衣盖在粉红的蔷薇花上的描写,抓住描写人物动作的词语“掀起”“盖在”来体会萨沙的内心状态。

(课文:萨沙朝着蔷薇丛走去。他掀起雨衣,盖在粉红的蔷薇花上。)

(7)最后是补白对话,整体回归。

(课文:“现在我该不是最弱小的了吧,妈妈?”萨沙问道。)

韩老师请学生试着写写妈妈此时会怎样回答萨沙的话,并全班交流。

然后出示了这篇文章原文妈妈的话:

妈妈笑着说:“不,不,你能保护更弱小的,你是勇敢的孩子啦!”

此时全班学生的欣喜之情溢于言表,我听到了孩子们连呼吸的声音都是畅快的,是经过高度思维活动之后放松下来的快乐。这节课是孩子们自己思考、朗读、表达、试写的一堂课。

那么,这节课精彩在哪?

首先是教学内容的选择非常精彩。虽然文章当中还有两段景色描写,但是韩老师却选择了萨沙和妈妈的对话来深入学习。

其次是教学过程精彩。老师让孩子们聚焦对话,给予充分的时间让孩子们自读深思,体会话中意、弦外音。然后才是同位交流,全班交流。充分地自读思考,同位交流碰撞,才会有后来全班交流的精彩不断。孩子们的阅读理解和语言表达能力在这里得到了提升。

第三是教学策略设计得精彩。教学策略的逻辑关联很强,层层深入,走向语言训练的极远处。老师针对这四句对话,先让孩子们带着问题自读思考,然后让孩子们试着用自己的朗读来表达自己对于句子的理解，接下来是分角色对读，第四步是给课文中对话的提示语再加上修饰语，这无疑是孩子们理解体会之后的语言再创造。此时并没有结束，韩老师针对课文最后一句语言再来一个设计，让孩子们试着写写妈妈的话，再出示此文作者的原文。至此，学习的境界已达高潮。孩子们通过人物语言来揣测人物心理，再通过人物心理来想象人物的语言，语文学科素养和能力得以真正地提升。

第四是课堂上老师低位的精彩。韩老师没有过多的言语，更多时候是关注孩子们的自学，倾听孩子们的发言，微笑、点头。孩子们发言时，静心等待，不接话，不插话，所以有了孩子们那么多的精彩。

语文课堂艺术，不同于表演艺术。语文课堂艺术的最高境界是学生学得专注而深入，充分而有效果，老师只是他们学习的帮助者，适时地递上“工具”而已。

对于阅读教学，如何实现这一课的“这一个”目标，需要精选教学内容，不可面面俱到。需要将课堂大量的时间让位于孩子，给他们自读思考交流的时空。需要在教学过程中，设计出一些教学策略，帮助孩子在这个教学内容上达到“这一个”的教学目标。

2017 年 5 月 6 日

范文如何引路

苏教版三年级上册《习作六》是一篇范文引路的习作。

先看一下教材中范文之前的两段引导教学的话：

文具是我们不可缺少的学习伙伴，它们毫无怨言地为大家服务。这次习作课，我们就来写一种自己喜欢的文具，看谁能把文具的特点和用途写清楚。

我们先来看看一位同学写的《铅笔刨刀》。

然后是例文：

铅笔刨刀

从外表看，我是一座塑料小房子。蓝色的屋顶，白色的墙壁，红色的烟囱，绿色的门窗，多漂亮啊！可是我的名字不叫小房子，叫铅笔刨刀。刨刀安装在哪里？安装在烟囱里呀！只要你把铅笔插进我的“烟囱”里，顶住劲旋转，就可以削了，那扇门是专门用来倒铅笔屑的。我是小主人的好帮手，他特别喜欢我。

例文的最后一行文字：

“你觉得这篇习作好在哪里？对你有什么启发？”

范文引路对于初学习作的三年级孩子来说，是非常好的一种习作练习方法。从篇章结构到自然段的构成，从语句的完整明白到词语的准确生动，学生会在范文的阅读中，感受到文和事物之间的关联，以及如何用自己的话将面前的事物写出来，让别人看明白。

但范文引路有几点需注意。

阅读范文不同于阅读教学中的阅读文章。切忌将范文逐段逐句来学习理解,再迁移运用。范文的阅读目标不能等同于阅读教学中的教学目标。范文只是学生习作时的一种范本、一种启示、一种参考。

阅读范文,提倡放手,让学生自主阅读并发现范文的可利用价值,切忌将范文作为习作的唯一范本。学生对于写作的表达可能会有自己的感受和表达方式,范文只是一种思路和方式,对于表达有难度的孩子,范文可以是模仿的范本,但是对于表达能力较强的孩子,完全可以放手让其练习习作。

如何来设计本节课的教学设计,以下从板块式的设计提供几点思考。

第一,自读范文,谈感受。

让孩子们自主阅读范文,然后谈感受。

第二,再读范文,自主发现。

在初步感受和交流的基础上,让孩子们再读范文,说说范文好在哪里,让孩子们在再读中自主发现范文好在哪里。

第三,教师引导。

在孩子们两次阅读的基础上,引导孩子们发现在自主阅读范文时尚未发现的好地方,比如先写特点,再写用途;比如先写总体样子,再写具体的每一部分;比如在文中可以写出自己对于文具的喜爱之情,如“多漂亮啊!”等。

第四,教师点拨。

在孩子们自我发现和教师引导发现的基础上,教师总结出范文写得好的几个方面,并指出孩子们可以借鉴使用这样的方法来说说自己喜欢的文具。

第五,迁移运用。

出示文具,观察练说。教师选择一个较大的文具实物,或者是多媒体出示,请孩子们观察并运用刚才学习范文时学习到的方法来说文具。此时,尽可能先让孩子们充分地练习说,可互相说说,再选择代表在全班说说。

第六,再迁移运用。

这个环节可以放手让孩子们选择自己最喜欢的文具说说,同座位或四人为一小组互相说说,全班代表说说,接下来是动笔。最后是选择一两个写得快、写得好的同学,将习作在班里读一读。

六个环节中，最好在前 20 分钟完成一至五环节，第六个环节具体动笔写文以及评价，用时 20 分钟。也就是说，习作在一节课里能得以真正地完成。教师对于范文的指导以及迁移运用必须在前 20 分钟内有效地完成，留给孩子真正动笔习作的时间，并且在孩子动笔习作的前 15 分钟内。教师最好不要在全班大声随意地说话，避免干扰孩子习作时的思路；即便指导，也只是在巡视时的个别小声地指导。

范文用得好，会让孩子的习作降低难度，不会的可以模仿着来。但是范文引路的作文教学，不能僵化使用，否则会限制孩子习作时的创造力和自由，这样便不符合孩子习作时的真实状态。

2017 年 12 月 6 日

习作单元课文教学设计

——以部编教材三年级上册《金色的草地》为例

习作单元是部编教材的一个创新和亮点。

《金色的草地》是部编教材三年级上册第五单元的第二篇课文，也是本套教材中第一次出现的习作单元。

单看《金色的草地》这篇课文，会被常规的阅读教学方法所左右，以至于很多老师在教学时，将教学重点放在课文词句的理解和理解后的朗读上。有老师通过表演来理解词语“一本正经”，并让学生感受金色草地的可爱和有趣，课堂上看似灵动而活泼，学生学习的主动性和自主性都很强；可是，《金色的草地》如果这样上，就偏离了习作单元的目标指向了。

《金色的草地》是习作单元的第二篇精读课文，如何确立课堂教学的内容以及方法，还需紧紧围绕单元教学说明。

首先在学习《金色的草地》一文前，教师需要布置学生提前做好准备，注意观察身边的事物，并提出观察的任务。比如：注意观察校园里的树木花草。

其次是《金色的草地》这篇精读课文的生字、新词如何处理。

一般来说，只要是精读课文，生字、新词学习均是本课的教学目标之一。第一课时重点学习，第二课时复习巩固，并在教学过程中精深理解词语并运用。但是，习作单元的生字、新词的学习，并不需要逐字逐词理解学习，学生粗知大意即可。一般在初读课文后，指导学生运用已有经验自主识字，在课时结束前集中指导书写即可。如此，这课的十三个生字书写，教师并不需要花过多的时间指导辨析、理解运用，甚至是书写，而是将课堂的时间留给本课的主要目标：学习观察。

第三，习作单元的精读课文，不同于一般单元的精读课文，因此，对于课文内容的理解，情感内涵的把握，以及朗读背诵语言积累，没有过多的要求，而是在初步感知的基础上，直奔本课的教学目标，指向写作，感受方法，迁移运用。

《金色的草地》这篇课文，充满童趣，景色很美，但这都不是本课的教学重点。我们不需要花时间和精力在对于文章趣味和美景的感受理解上，而是在初步理解和感受的基础上，直奔本课的表达上的特点：注意观察，细致观察。

文章第三自然段，作者早上钓鱼时发现草地是绿色的；中午回家的时候，草地是金色的；傍晚的时候，草地又是绿色的了。为什么是这样呢？作者来到草地上，仔细观察，发现蒲公英的花瓣早上是合拢的，合拢时草地是绿色。中午时，花瓣是张开的，呈金色，所以草地是金色的。而傍晚时，蒲公英的花瓣再次合拢，草地又是绿色的了。

这里有留心观察身边事物，以及事物的变化；更有如何细致地观察身边事物的变化。这种素养恰是学生写作时的重要素养。每一位文学大家，无一不具备这种留心观察、细致观察的写作素养。

第四，单元说明中明确指出：习作单元中的精读课文，注重引导学生体会文章表达上的特点，学习习作方法。本单元的主题是“留心观察”，本单元的语文要素是“体会作者怎样留心观察周围的事物”。

因此，《金色的草地》一文，教学目标及教学内容和方法的确立，在第一课时初读课文后，第二课时直奔课文第三自然段，可设计为以下三个板块：

留心观察，发现不同

仔细观察，探明原因

总结方法，迁移运用

那么，《金色的草地》如何来设计教学过程，并运用适当的教学策略，来让学生感受表达上的特点，学习表达方法，并迁移运用掌握呢？

可以参考课后习题。

课后习题的设计，是部编教材目标指向，教学方法选择的又一个抓手。《金色的草地》课后习题有三：

一、朗读课文，一边读一边想象课文描写的画面。

二、仔细读读第三自然段，把下面的内容补充完整，体会作者观察得细致。

早上，草地(　　　)，因为蒲公英(　　　　　)；

中午，草地（　　　），因为蒲公英（　　　　　　　）；

傍晚，草地（　　　），因为蒲公英（　　　　　　　）。

三、只要我们稍加留意，就会发现事物是变化着的。如，向日葵会随着太阳转动，含羞草被触碰后会害羞地低下头……你留意过哪些事物的变化？和同学交流。

细细体悟，课后习题给了我们很多的教学信息。

本篇课文在初读时，运用的教学方法是“让学生一边读一边想象课文描写的画面”。唯有让学生进入文章描写的画面时，才可以感受到作者所观察到的景色不同，早上、中午、傍晚，草地的颜色分别是绿色、金色、绿色。继而才可以感受到作者观察细致，以及从事物的形状和颜色上观察。

而第二题“仔细读读第三自然段，把下面的内容补充完整，体会作者观察得细致”，正是让学生在阅读时思考，想象中感受，作者是如何来细致观察的，从蒲公英花瓣的合拢和张开中观察，从花瓣的金色和草地的绿色中来观察。

最后的第三题，正是将学生由本课学习到的留心观察、细致观察的习惯和方法，迁移到生活中去，在老师课前布置的观察素材中，运用本课学习的表达方法，来交流各自观察的结果，自然而然，水到渠成。

写到这里，豁然开朗。部编教材，编得真好！

部编教材不仅是双线结构的单元设计，还有单独的习作单元。在习作单元的精读课文中，有着教学目标的指向，更有着教学内容的选择和教学方法的指引。

2018 年 10 月 15 日

作文指导过度了

听了几节作文指导课，看到教师总想在短短的一节课中，将学生平时生活中的观察，在语文阅读教学中习得的写作方法一一再现并讲透。

可这样，学生对于今天这节课需要练习表达的内容和思考就有限了，特别是学生内心有了想法后的自我练习，以及和同学之间的互动练习就少了。有的作文指导课，甚至课的最后都没有时间让学生下笔练习。

每次看到作文指导课上，学生有了表达的欲望和内容，仍然不能一吐为快时，我都觉得非常可惜，写作练笔的最佳时机错过了。我甚至能感受到学生一次次地将内心涌出的思绪强行咽下，因为教师此时仍在条分缕析地讲解写作技巧，什么抓住细节描写，抓住人物的语言、动作、心理活动等，还有什么对比、反衬等。

往往是临近下课七八分钟时，学生才可以下笔。此时，学生作文的劲头差不多是强弩之末了，但力度仍在，可开了个头，尚未展开时，下课铃声即响。没有几个孩子能经得起玩耍的诱惑，于是，写作的思绪立即散掉。

教师匆忙收兵，将学生没有写完的作文布置为当晚的家庭作业。

写作是一种静心、全心投入的心理活动，也是一种思绪的汩汩流淌，闸门打开了不想关闭，闸门关上后也不易打开。

因此，很多作文指导课，教师的指导设计有些过度了，课堂教学中总是难以成就学生的自由作文。教师从时间上、从方法技巧上、从评价上过度指导了。

从一定意义上说，作文不是教出来的，是学生写出来的。

写作的方法渗透于阅读教学中，领悟参透并能在语言训练中迁移运用，继而在写作课中迁移运用。

如《爱如茉莉》一文中“爸爸的手紧紧握住妈妈的手……”学生在阅读中感受到了爸爸妈妈之间平凡而深沉的爱，接着让学生回想生活中所观察到的爸爸妈妈之间的平凡而深沉的爱。

学生可能会说：

妈妈一声不吭地把饭盛好放在爸爸的跟前，并将筷子递给了爸爸。

重感冒的爸爸一回家不说一句话，就靠在沙发上，妈妈默不作声地将一块热毛巾递给了爸爸，让他擦擦脸和手。

……

如果阅读课中教师能将细节描写抓得准，讲得精，用得好，那么在作文课的指导上，就不需要再花费心思和精力讲解细节描写了。

作文教学，更不能像平时阅读课教学那样，花太多的时间来解读教材的作文题目和内容，学生本可以专心读两遍就能明白的写作要求，教师设计了几个教学步骤来让学生明白写作要求，大可不必，这样就低估了学生的读题能力。

作文教学指导的黄金时间是开堂的20分钟，当学生的写作欲望被激发，学生的写作内容已明确，那么余下的时间就该给孩子了。当堂练笔一个片段至少需要10分钟左右，余下10分钟左右的时间，可以来交流点评，再做指导。

当然，作文教学有多种方式，不论何种方式，作文指导课上，教师大讲特讲写作的方法和技巧，显然是不合时宜的。

即便是指导学生运用写作技巧方法，也不能要求太多。

有一位教师在作文指导课，大讲写作要求及技巧后，接下来让学生开始练笔。当学生纷纷埋头书写时，老师仍念念不忘地说：

“如果不记得写作要求，再看看黑板上的老师板书……”

黑板上有：

内容具体，语言生动

描写人物抓住人物的语言、动作、神态

抓住细节来描写

运用排比、拟人手法

……

要求太多，如何下笔？

这使我想到一位大厨做菜时，如想着太多的要求，就没有了神思发挥做菜的技艺了。

事同此理，文也如是。

2017 年 11 月 26 日

看小朋友写拼音

课堂上,看一年级小朋友学习拼音复韵母“ai ei ui”的读和写,老师教得认真,学生学得努力。真可敬!

到了书写环节时,老师先带领孩子看清楚复韵母的每个字母在四线三格的具体位置,并示范书写,然后是小朋友拿出书本描摹书写。我轻轻地走到每个小朋友的身边,看着他们在稚嫩地书写着,埋头苦干,使出很大的力气。

老师提醒着小朋友们:“头离书本一尺,胸离桌子一拳,笔离指尖一寸。”小朋友们微微地调整一下书写的姿势,有一些小朋友将头埋得很低,差不多只有半尺的距离;还有一些小朋友向左歪着身子和头,全身心地抄写着。

再一细看,有几个小朋友的握笔姿势完全不对。有一个小朋友将笔捏在拳头里,大拇指围着笔和其他四指,力量全在拳头心里。手指控笔不够灵活,主要靠手腕的掌控。左边位子上的小朋友拿着铅笔的模样,似乎是在拿着一根筷子一般,大拇指和食指、中指齐聚在铅笔杆上,因为太用力,食指的指端严重向外撇着。走到前面一个位子上,见两位小朋友小手拿着铅笔头,差不多只露出铅笔芯,只有一寸的三分之一了。于是这两位小朋友身体都向左边侧着,头也向左边歪着。我拿起小朋友文具盒里的铅笔,给他们俩示范握笔,他们俩调试着,虽说是调对了姿势,但书写起来明显不是太顺手了。

什么原因导致如此呢?

一说是:幼儿小手的骨骼和肌肉群都没有发育好,所以书写起来很费力。

二说是:小朋友们的爸爸妈妈、爷爷奶奶过早地在家里教孩子们书写,但没有教会小朋友们书写的正确姿势,久而久之,形成习惯,上学时也难以纠正。

三说是:在幼儿园里,幼儿园老师过早地教小朋友们学习书写,导致书写姿势不正确，既影响了孩子们的身体发育，又养成了孩子们的不良书写姿势。

的确，不良的书写姿势，一旦养成，难以改变。初入学时，一年级的语文老师们最头疼的就是纠正孩子们错误的书写姿势和汉语拼音拼读方面的错误。大家都知道，纠正一个错误的知识，花费的时间往往是学习新知识的很多倍。

况且，有的孩子积习难改，或是不愿意主动改。有的老师没有这方面的意识，那孩子们的错误就一直延续下去。

长此以往，不良的书写姿势，导致的必然是近视眼的形成，脊柱的弯曲变形，小手指的关节变形。而且不良的书写姿势，也很难写出一手好字来。

曾经流传这样一句口号：让孩子不要输在起跑线上！于是乎，家长们、幼儿园的老师们让孩子提前学习小学段的知识，殊不知，孩子的身心发展和认知规律并不是随着大人们的心愿而快速超前发展的。所以，我们就看到了文章前面所描述的那一幕了。

2015 年 10 月 4 日

《王冕学画》板块式教学设计

《王冕学画》是苏教版五年级上册的一篇课文，这篇文章从学习目标上来看，是让孩子们读懂王冕是个有孝心、刻苦学习的人。文章第五自然段描写景物的美丽，作者描写的方法和遣词造句是本课学习的第二个目标，这段也需要当堂背诵积累。

文章共有七个自然段，采用的是叙述和描写相结合的手法，描述的是王冕七岁到十七八岁这个人生阶段。如何设计学生的学习，才能达到以上两个目标呢？

第一板块：学生快速浏览课文，说说王冕是个怎样的人。

孩子们自读。

师生交流讨论。

师总结板书：有孝心，刻苦学习。

有的老师在此环节总结王冕是个怎样的人时，用了“有孝心”“刻苦学画”这两个词，其实文中不仅写王冕的刻苦学画，更多的时候是苦读。再说学画也是学习的一个方面，所以我在这里用了“刻苦学习”这个词概括。

第二板块：默读全文，看看课文哪些地方写出了王冕是个有孝心的人。

首先是让孩子们能读懂王冕是个有孝心的人。

请孩子们轻声读课文，边读边想，从文章哪些地方读出了王冕是个有孝心的人，并作批注。

此时，孩子们自读的时间不能少于三分钟。教师巡视，观察孩子们自读时的情况，并对个别孩子做点拨指导。

接下来，请孩子们说说从文章哪些地方读出了王冕是个有孝心的人。教师此时应注意倾听每个孩子的发言，不做过多的重复和讲解。看看孩子们能找到

几处词句，然后适当引导，让孩子们尽可能多地找出文中的词句，也尽可能多地让孩子们能有表达的机会。

文章从开头到结尾，大致有六处描写能看出王冕的孝心。

一处：王冕说："娘，我在学堂里也闷得慌，不如帮人家放牛，心里倒快活些。这样可以补贴些家用，还能带几本书去读呢。"

二处：王冕一一答应，母亲含着眼泪回去了。

三处：从此，王冕白天在秦家放牛，晚上回家陪伴母亲。

四处：遇上秦家煮些腌鱼腊肉，他总舍不得吃，用荷叶包了回家孝敬母亲。

五处：王冕得了钱，就买了些好东西孝敬母亲。

六处：春光明媚的时候，王冕就用一辆牛车载着母亲，到村上湖边走走。母亲心里十分欢喜。

交流时，尽可能让孩子们找出文中这些描写王冕孝心的语句，并说说自己的体会。当孩子们在说理解感悟时，教师一定要真诚地倾听，一定要倾听孩子们不同角度的思考、不同的表达方式。孩子们有时甚至是词不达意，或者是不着边际，但是教师仍然要有期冀的眼神，微微点头，这样，孩子们的发言就会充满热情和活力，充满自信和温馨。

当全班的孩子在讨论中，逐渐明晰了文章哪些语句写出了王冕的孝心之后，请孩子们再轻声读读课文，或者是两人合作读读课文（一人一个自然段轮读）。

第三板块：再次默读课文，看看文章哪些地方写出了王冕的刻苦学习。圈画并批注。

此处仍然是不少于三分钟的自主阅读。

全班交流讨论。

文章前后共有七处描写了王冕的刻苦学习。

一处：这样可以贴补些家用，还能带几本书去读呢。

二处：每天给的点心钱，他也舍不得花，积攒一两个月，便偷空来到村学堂，从书贩子那里买几本旧书。

三处：白天牛吃饱了，王冕就坐在柳树荫下看书。

四处：不知不觉三四年过去了，王冕读了不少书，也明白了许多道理。

五处：随后转念又想：天下哪有学不会的事？我何不自己画几笔？

六处：起初画得不好，三个月之后，便大有长进，那荷花的精神、形态、颜色，没有一处不像真的。

七处:他每天画些画,读读古人的诗文。

孩子们在交流时,只要能把以上的语句找出,并大致说说自己的体会就已经足够了。然后老师总结一下:王冕不仅是个有孝心的人,还是个刻苦学习的人。

第四板块:精读第五自然段,感受写法。

(1)直奔文章的第五自然段,请孩子们自读并思考:为什么王冕看得入了迷?作者是怎么描写此处美景的?

(2)此处孩子们自读时间不少于两分钟。

(3)同座位或四人一小组交流。

(4)全班交流。

讨论:为什么王冕看得入了迷?作者是怎么描写此处美景的呢?

一个开放性的问题,让孩子们思考作者是如何描写此处美景的。这里会有观察的问题,会有描写顺序的问题,会有用词准确生动的问题,还会有语句描写生动具体,采用了比喻的修辞方法等。之所以让学生开放性地思考,就是让他们能从整体上体会出景色的美丽,充满了诗情画意,同时也能琢磨景色的描写。

这是孩子们真正写好文章的本领。从来就没有单看作者的用词就能写好文章的,从来也没有单会一个比喻句就能写好文章的。写文章,是心里先有美景、有感受,表达时,词句描写自然付诸笔端。

当充分讨论并朗读之后,孩子们对于此处的美景,以图画和文字的双重形式印在脑海里,于是,给孩子们两分钟练习背诵,然后个别展示,或是个别检查指导。

第五板块:回顾全文,归纳所得。

请孩子们说说:王冕是个怎样的人?

教师总结:王冕是个有孝心,刻苦学习的人。

我国古代小说《儒林外史》中有很多这样的名人故事,课下可以读读。

设计用意:

(1)文章阅读时,需要整体阅读,这样在孩子的心中,便留下全篇的概念。于是设计中关于王冕的人物品质感受,都是在一个大问题提出后,让孩子们通览全文,潜心会文。

(2)孩子们在阅读文章时,对于文章如何通过叙述和描写表现出王冕的孝心和刻苦学习,如果只抓词语和句子来学习,易支离破碎,形成零散认识。因此,学习文章重点段落时,老师提出两个问题,放手让孩子们自读。也就是“默读全文,看看课文哪些地方写出了王冕是个有孝心的人”和“再次默读课文,看看文章哪些地方写出了王冕的刻苦学习。圈画并批注”。

(3)对于文章重点段第五自然段,开放性地提出一个问题,就是让孩子们能感受王冕的入迷,是因为景色太美,而作者是如何将这美景展现在读者面前的呢?让孩子们自主阅读感受,然后才讨论,互相启发。而不是老师提问:这段是按照什么样的顺序写的呢?这段用了哪些生动的词语?这段描写中,用了哪些动词?这段描写中哪个句子写得好?这样的提问,可以在孩子们讨论时引导,但如果一开始就提出这样的问题,孩子们的阅读就不是“浸入式”的阅读思考,而是“寻找答案式”的阅读。“浸入式”的阅读思考,是要读出文字背后的画面、情感和意蕴,品味作者写作时的用词精妙、语句生动。

(4)感悟人物品质,感受作者描写方法,朗读背诵,积累语言。同时,学习过程中凸显学生的自主阅读感悟,批注交流。这就是我们常说的“语文本体,学生本位”。

2015 年 12 月 13 日

雪峰之“峰”

——观《我不是最弱小的》一课有感

张雪峰老师，帅气儒雅，笑容羞涩，尽显谦逊和内敛。他曾是合肥市青年教师素养大赛评比一等奖获得者，沉潜几年的雪峰，今日一节《我不是最弱小的》，让雪峰成为他之“峰”。

这是一节什么样的课？

大开大合，目标集中

雪峰老师是从课题《我不是最弱小的》入手，请学生说说“弱小”是什么意思。萨沙是最弱小的吗？学生对于“弱小”一词的理解有自己的回答，而对“萨沙是不是最弱小的”一时众说纷纭。老师没有在这个问题上过多停留，而是让学生存疑，走进文本。

一读：请学生自读文本，去自我发现。

雪峰老师说：留意一些语句，看有没有新的发现？有你印象深刻的片段或语句吗？为什么？

在学生交流了一些语句之后。

雪峰老师问：萨沙是不是最弱小的呢？学生仍有两种说法：“是/不是。”老师在黑板上板书“是？不是？”。

雪峰老师接下来带领学生二读、三读、四读文本，分别让学生自主阅读思考：

萨沙是最弱小的，从哪儿读出来？

萨沙不是最弱小的，从哪儿读出来？

萨沙是最弱小的吗？文中抓住什么对人物进行描写？

二读、三读、四读之后师生交流。

最后结课时，又回到开头的疑问，黑板上板书“是？不是？”

学生说萨沙是最弱小的，教师擦去问号；学生说萨沙不是最弱小的，教师也擦去问号。

一切都在思辨中，一切都在学生的心中。一切的一切都在学生的四次深入走进文本中。

雪峰老师旨在让学生由疑问而进入文本，进入文本后产生自己的独立思考，二读、三读、四读后，是由学生充分触摸语言文字后读出自己的理解，以及感受到文章是通过人物的语言及环境描写来表达的。最后学生明白了萨沙既是最弱小的，同时又不是最弱小的。此时的“是”和“不是”，已不是课堂伊始时的“是”与“不是”了。

通览全文，四进四出

《我不是最弱小的》一文虽然不长，但雪峰老师能放手让学生四次进入文本，通览全文，读出自己的理解，实属难得。

学生每一次自主阅读文本时，都是带着思考进入的，继而都有自己的理解。这些理解都是学生通过触摸语言文字，读出了语言文字背后的东西，继而形成了自己的判断。交流发言时，每位同学都是言之有理，言之有据的。

学生说萨沙是最弱小的依据：

> 假日里，天气闷热，一家人到森林里去：父亲、母亲、五年级的学生托利亚和四年级的学生萨沙。
>
> 爸爸赶忙把雨衣给了妈妈，妈妈接过雨衣没有穿，却把它给了萨沙。
>
> “每个人都要保护比自己弱小的人。”妈妈回答说。
>
> “要是你谁也保护不了，那你不就是最弱小的了吗？”妈妈笑着回答说。

学生说萨沙不是最弱小的依据：

> 萨沙问道：“妈妈，爸爸把雨衣给您，您又把雨衣给我。你们干吗这样

做呢?”

“这么说我就是最弱小的了?”萨沙反问道。

萨沙朝着蔷薇丛走去。他掀起雨衣,盖在粉红的蔷薇花上。

“现在我该不是最弱小的了吧,妈妈?”萨沙问道。

学生在讨论的时候,还对其中两处描写产生了思辨,也就是:

萨沙问道:“妈妈,爸爸把雨衣给您,您又把雨衣给我。你们干吗这样做呢?”

“这么说我就是最弱小的了?”萨沙反问道。

学生认为,这两处描写,既说明萨沙是最弱小的,同时又说明萨沙不是最弱小的。这样的回答,也就是四次通览全文的结果,更是学生自主阅读,独立思考,相互交流碰撞的结果。

学习共同体,其乐也融融

学习共同体,是日本教育家佐藤学提出的一种学习方式,简言之,就是课堂中学生自主学习后互相交流,讨论问题。

雪峰老师在课堂中,充分利用这一学习方式,让学生的学习过程充分体现,也真正地落实了学生在学习过程中的探究、合作。

老师在学生一读、二读、三读全文后,都安排有同伴之间互相交流的环节,用时都达两分钟。学生很投入地交流各自在文中找出的语句,以及自我的理解。

那一对对窃窃私语的情景,真的是非常动人!

这是一场真正的学习!因为有了学生的自主阅读在先,还因为有了通览全文多次的阅读,更因为马上要和小伙伴们交流。

学习共同体的魅力在于学生其乐融融地学习。

语言实践，水到渠成

雪峰将课堂的主体让位于学生，学生的语言实践尤为充分。

自主阅读思考是语言实践，同伴交流是语言实践，全班交流时同学发言是语言实践，朗朗书声、流利复述、精彩讲述更是语言实践。

老师独具匠心的设计，更是凸显了学生的语言实践。

“要是你谁也保护不了，那你不就是最弱小的了吗？”妈妈笑着回答说。

当学生找到这句话交流自己的观点时，老师继续追问：

这句话如果不以问号结尾，还可以怎么说？

加上一个关联词来说说，用上“因为……所有……”

把结果放在前面，用上“之所以……是因为”来说说。

学生说得兴味盎然。

当学生在二读、三读之后，找出了萨沙是最弱小的句子，以及萨沙不是最弱小的句子之后，雪峰老师让学生分角色朗读妈妈和萨沙的对话。此时的朗读，是学生理解后的表达，也是进一步的语言内化。

当学生在四读之后，找出了文中对于人物的语言描写和环境描写之后，开始交流发言：

森林这么美好……

大雨如注……

雪峰老师接着学生的发言，追问了：你们能接着往后说上一两句吗？

语言实践，都是顺学而导，自然而然，水到渠成。

教师语言，精而准

首先是雪峰老师提问语言精而准。

一读时，老师提问：有你印象深刻的片段或语句吗？为什么？

二读时，老师提问：再读课文，哪里写出了萨沙的弱小？划出关键性词句。

三读时，老师提问：仔细读课文，看看有没有新的发现，萨沙体力和年龄都是最小的，为什么又不承认自己是最弱小的？

四读时，老师提问：快速浏览课文，文中抓住什么对人物进行描写？还有什么描写？

其次是雪峰老师的评价语言精而准。

整节课，很少听到雪峰老师重复学生的答案，或者是接着学生的回答，继而阐述一番。有的是老师面对学生回答后的微笑、点头、抚摸，有的是老师简短的评价：很好，不错，再想想，还有吗？

老师语言的精和准，给了学生充分阅读、思考、表达的时空。课堂不再是教师的主场，课堂不再是教师激情昂扬的演说，课堂不再是教师逐段的讲解，更不是某几个词语的死扣硬磨。

雪峰之“峰”，因着老师对于文本的深度理解把握，从整体入手；因着老师对于语文的深刻理解，注重语言实践；因着老师对于孩子主体的真正尊重，多次放手合作。一句话，是因着老师个人的专业素养。

2016 年 4 月 3 日

怎样一个林冲　怎样一个洪教头

《林冲棒打洪教头》一文是苏教版五年级上册的一篇课文。本文选自施耐庵的《水浒传》，人物形象特点鲜明，跃然纸上。人物对话和打斗场面，描写得简约传神，是学生积累语言、运用语言的一篇好文章。

本文在教学设计时，围绕以下三个目标来进行：一是感受人物形象特点；二是学习作者描写人物和打斗场面；三是练习复述。

根据目标，设计以下五个教学板块。

板块一：整体回顾，导入课文。

(1)上节课，我们初读了课文《林冲棒打洪教头》，那么课文主要讲了什么呢？

(2)请同学们快速浏览课文，思考并说说。

(3)根据学生回答，明晰文章人物角色及课文主要内容，板书：林冲　洪教头　柴进。

板块二：聚焦课文第三自然段，感受人物形象。

(1)请学生自读课文第三自然段，思考：你读出了怎样的林冲和洪教头，划下相关词句，并作批注。

(2)学生自读三分钟，教师巡视并做个别指导。

(3)小组内交流，围绕林冲和洪教头是怎样的人，组内逐个发言，倾听、补充。

(4)全班交流，师生、生生讨论。

林冲的谦逊、有礼、镇静、隐忍等；

洪教头的鲁莽、急躁好胜、粗鲁、无礼等；

板书:谦让　有礼　傲慢　无礼

(5)请同学们再次轻声读第三自然段,然后同座位分角色朗读。最后全班交流,分角色朗读,师生点评指导。

板块三:聚焦课文第七自然段,感受打斗场面的描写。

(1)默读课文第七自然段,边读边想象打斗的场面,洪教头和林冲是如何比武的?你又读出了什么?

(2)学生自读3分钟,教师巡视并做个别指导。

(3)同座位互相交流一下各自的阅读理解。

(4)全班讨论交流,教师点拨。

A.洪教头和林冲如何比武?

洪教头的三招:把火烧天　劈头打来　又提起了棒

林冲的三式:一横　一退　一扫

B.你又读出了什么?

洪教头的来势凶猛,咄咄逼人。

林冲的智慧和沉稳,武艺高强。

(5)这么激烈的打斗场面,作者描写得如在眼前,让我们再读课文,想象这激烈的场面。

请同学们练习朗读,然后请个别同学朗读交流。

(6)作者的描写活灵活现,请同座位同学演一演,注意文中对于人物动作和语言的描写。

同座位练习。

请几组同学全班展示表演。

(7)读到这里,同学们已经再一次感受到了林冲和洪教头的鲜明形象,也领悟到了作者场面描写的精彩,请同学们试着复述这一段,可以用想象画面的方法来复述。

练习复述,个别展示,教师指导。

板块四:浏览全文,品读写法。

(1)请同学们快速浏览全文,想想作者施耐庵是如何将人物写得活灵活现的?

一分钟快速浏览。

师生讨论交流。

师总结板书：抓住人物的动作、语言、神态来将人物描写得活灵活现。

（2）推荐阅读名著《水浒传》。

课文描写了林冲、洪教头、柴进，个个形象鲜明。《水浒传》中有很多的英雄人物都是这样栩栩如生的，也很好玩，如果你想认识更多的梁山好汉，那么去读读《水浒传》吧。

板块五：课后拓展。

阅读《水浒传》，寻找你感兴趣的一两位人物，说说他们的特点及作者描写的手法，下节课我们召开读书会时，再交流。

2015 年 12 月 15 日

一节温馨的语文课

下课了,一位身穿红色外套的小女孩一个箭步冲到张老师面前,紧紧地抱着张老师,抱着张老师略微发福的腰身,小脸贴在老师的毛衣上,这情景,好温暖!

本准备走近我的张老师停下脚步,一脸憨憨的笑容,抬起双臂任小女孩抱着;本准备走上前去的我停下脚步,想拍下这动人的镜头,连忙喊道:“等下!等下!”并向张老师作了一个拍照的手势。

小女孩似乎感觉到了有外人在看她,松下了双手,但仍偎依在张老师的身旁。张老师笑眯眯地站在教室过道中,一手拿书,一手拍着身边不断涌上来的孩子们。

我拿起手机,拉近焦距,急切地想要拍下这温馨的一幕。

一节一年级的语文课《小小的船》,让张老师上得兴致盎然,孩子们投入而认真,欢喜而温馨。课堂上没有口令式的常规训练,有的是张老师贴近孩子的教学环节设计,有的是张老师近距离的和孩子对话,有的是张老师充满鼓励和欣赏的眼神。

孩子是爱的试金石。

老师对于孩子的一个眼神,一个动作,甚至是身体的倾斜度,孩子们都能读懂其中的意思,感受到其中的温度。老师对望孩子的眼睛里,是否有爱惜,是否有理解,是否有原谅,是否有欣赏,孩子们全都明白。

这个班的孩子是能读懂张老师的每一个眼神的。

孩子读书时,小手指着每个字,是那么投入;孩子自由朗读时,做着动作,是那么陶醉;孩子组词和造句时,语言那么流畅自然,没有一丝的紧张和结巴。他们知道,说错了也没有关系,说不出来也没关系。

就在老师让孩子们组词的时候，一个小男孩说：

“左左拍拍……”

似乎牛头不对马嘴，班上小朋友都笑了起来，这笑声是那么柔和温暖，没有一丝的嘲笑，是孩子们开心快乐的笑声。只见张老师几步跨到小男孩跟前，用一双大手揉了揉小男孩肉乎乎的脸，继而又抚摸了一下小男孩的头，迅疾回到讲台，继续下面的学习。

说实话，课堂上的这一瞬，我也没怎么听明白、看清楚。

直到下课以后，我问了张老师，张老师说：

“这个小男孩学习习惯不好，上课很少发言，今天他居然发言了，虽然说得不太对，但是他勇敢地说出了自己的想法。我觉得他有了很大的进步，想对他表示，老师很高兴，老师很欣赏他。”

张老师没有说“你很棒”，也没有说“掌声响起来”。孩子们也没有说：“棒，棒，棒，你真棒！”可是，我却觉得整个教室里都充满了温暖，如冬日的暖阳。

我抑制不住内心的激动，跟这位憨厚的张老师说：

“今天的课是最高水平的课，因为课堂环节设计简明。一年级小朋友读书充分，教师指导得有层次，有方法；生字词教学后置于读书之后，更符合学习规律；说话训练有坡度，有过程，孩子们说得很好。特别是整节课孩子们学得那么开心，没有一丝的强迫感，我们也是陶醉在这精彩的课堂里，感觉犹如一瞬。这全因为你对于孩子的爱，真爱，像一位父亲带着自己的孩子在学习游戏一样。”

我有些激动，一下子说了很多，没有给憨厚的张老师说话的机会，张老师憨憨地笑着。继而，张老师指着那个身穿红外套的小女孩跟我说：

“就是这个女孩，看我跳绳累得出汗时，拿来她的保温杯递给我，我以为她要喝水，拧不开杯盖，于是把杯盖拧开后递给她，可她说：‘老师，我是给你喝水呢！’”

“她为什么这么喜欢你？”我追问张老师

“因为我下课时，带着他们一起跳绳。”

其实，张老师何止是带着他们跳绳，张老师爱着这群孩子，真爱着这群孩子。

回想上课听课时，我身边的一位小女孩，一直是笑嘻嘻快乐地跟着张老师读书，写字。我一直被她开心的笑容所感染，不断地回过头来看她入情入境地读书。当她发现我在看她时，立即将那绽放的笑容收了回去，显出些许的羞涩。

好老师，是孩子的大福人！特别是才入学的一年级小朋友，如果能遇上一位像张老师这样充满慈爱的老师，那可是一生的幸福。

好的课堂，不仅仅是技术层面的好。

好的课堂，既有好的教学艺术，又有老师一颗慈悲的心，理解爱护孩子，那才是最美课堂。

这使我想起了苏霍姆林斯基的一句话：爱是教育的灵魂。

张老师，张孝明，安庆路第三小学的语文老师，一位四十岁左右的男老师。他将一年级的语文课教得这么好，他将一年级小朋友的学习热情调动得这么高。

张老师真是小学语文老师中的宝！

2017 年 11 月 26 日

“引导自学”课型——《黄山奇松》

这是一节五年级的语文课，苏教版第16课《黄山奇松》的第二课时教学。

这是一节不同于常态的语文教学。

这是一节“引导自学”课型。它有五个环节：明确自学重点、围绕重点自学、全班交流自学情况、教师点拨自学得失、学生巩固自学成果。

个人自学，时间十分钟。

老师出示本课的自学重点：品读课文，体会黄山奇松之奇，学习作者的写作方法，并出示自学提示：

（1）默读课文，找出课文中能表现黄山奇松的词句，总结黄山松奇在哪几个方面？

（2）想一想：作者用哪些方法写出了黄山奇松的特点？

（3）不理解的地方请做上记号。

孩子们迅速打开课文，即刻沉浸在语言文字当中，不时地看到孩子们拿出笔在文中圈画，并在空白处写上批注。

《黄山奇松》一文，共三个自然段，孩子们在三个自然段的不同地方均有圈画批注。十分钟，安静的十分钟，全心自学的十分钟。只听到哗哗的翻页声，只听到笔端在书页上沙沙的书写声，孩子们此时思维涌动，潜心会文，咀嚼涵泳。

小组交流开始了，时间是七分钟。

几秒钟的时间，前后座位的孩子立即围坐在一起，在小组长的安排下，逐个有序地发言：

“黄山松奇在哪几个方面？”

带着三道杠的女孩是本组的小组长，她扫视小组成员一眼后，提问道。

“奇在黄山松的姿态，课文第二自然段写了迎客松姿态优美，枝干遒劲。它有一丛青翠的枝干斜伸出去，如同好客的主人伸出手臂。”

一男孩一边看书一边回答，他已在这句话下面画上了横线。

小组的第二位发言者是个柔弱的女孩，她轻声说：

“我还有补充，黄山松还奇在陪客松如同一个绿色的巨人站在那儿，还奇在送客松姿态独特、枝干盘曲……”

小组长直点头，表示认可。

第三位发言的男孩早已经按捺不住了，他说：

“大家看第三自然段，黄山松还奇在它的千姿百态上，它们或屹立，或斜出，或弯曲；或仰，或拂，或卧；有的状如黑虎，有的形似孔雀……”

小组长此时眼睛有些发亮，笑意盈盈地接过话茬继续说道：

“《黄山奇松》这篇课文写黄山松的奇，还奇在黄山松的位置，你看课文第一段：山顶上，陡崖边，处处都有它们潇洒、挺秀的身影。”

坐在小组边听课的我，有些惊讶，赞叹的话语到了嘴边。想到“引导自学”型课堂创始人何炳章先生曾说过，观看小组讨论时，听课老师不能参与，只能一边默默地观看。

小组长还在继续阐述：

“黄山松，还奇在它的生命力极强！”

我更惊讶了，这三道杠的女孩子也太厉害了，心里不由得暗暗欢喜。

这是哪里的课堂，孩子如何有这样的思考能力？

这是一节“引导自学”课型，合肥市庐阳区六小中铁国际城五年级的孩子们，在李萍老师的带领下，正在学习苏教版五年级上册《黄山奇松》。

小组讨论还在继续。

小组长带领本组开始讨论第二个问题：作者用哪些方法写出了黄山奇松的特点？

“拟人，你看文中说虽然饱经风霜，却仍然郁郁苍苍，充满生机。”

“比喻，你看陪客松正对玉屏楼，如同一个绿色的巨人站在那儿……”

“排比，你看或屹立，或斜出，或弯曲……”

……

小组内，你一言，我一语，将文中所用的修辞方法都说了出来，还联系文中具体的句子来说。

小组长看本组成员都发表了意见之后，立刻将话语权收了回来。

“文章的二三自然段都运用了总分的结构。”

“全文是总分总的结构。”另外一个男孩也抢着说。

“那你们还有什么问题吗？”小组长开始质疑了。

……

此时，李萍老师说话了。

同学们，接下来是全班交流环节，时间是七分钟。

李萍老师是一位二十多岁的年轻教师，从来到六小中铁国际城带一年级开始，就运用“引导自学”课型上课，目前已是第五个年头了。孩子们已经具备了非常强的自学能力和小组合作能力，同时语言表达能力也非常强。

彩虹组的代表发言了。

月亮组的代表发言了。

他们讲黄山松的奇以及作者用了哪些方法写出了黄山松的奇，讲得清楚明白，完完全全，就如刚刚小组讨论时的回答一样。

“还有哪个小组有补充？”李萍老师说。

“我们太阳组有补充。”

太阳组的代表，一位女孩补充道：

“作者用了‘饱经风霜’这个词，写出黄山松经历了艰难的岁月，经历了狂风暴雨，说明黄山松的生命力很强。另外，课文还用了青翠、巨人、长长的手臂等词语来描写黄山松，非常生动形象。”

草地组还有补充：

“作者写黄山松时，重点详细写了迎客松、陪客松、送客松，其他松树是略写，有详有略。”

孩子们对于黄山松及写法的解读，是多角度的思考，完全超出了老师备课时的预设。为什么会有这样的结果？是因为“引导自学”课型，孩子们有了充分的自主学习，然后小组交流时又是多角度的思考讨论及自由表达。所以全班交流时，一个问题下去，孩子们会立即发散开去，不会受到定向思维的影响，每个小组都有自己独特的见解和主张。

“引导自学”课型，无疑是真正自主合作式的学习，是成就孩子一生学习力的课堂。

全班交流环节之后，是质疑环节。

李萍老师说：

“你们还有什么疑问吗？”

一孩子高高地举起了手：

“课文的第一段说奇松、怪石、云海、温泉，是黄山四绝，为什么课文只写黄山奇松呢？”

一石激起千层浪。

“因为作者说了，人们对黄山奇松，更是情有独钟。”

“因为黄山松的精神能代表黄山。”

“你们联系下文看：‘它们装点着黄山，使得黄山更加神奇，更加秀美。’”

……

课后，六小中铁的胡秋阳副校长说：

“这个班在前三年试验‘引导自学’课型的时候，语文能力还并不突出，试验到了第四个年头时，语文素养能力突飞猛进，考试成绩也在全年级里遥遥领先。特别是孩子们语言表达能力更加突出，如表达时的自信，表达时的独到，表达时的流畅，表达时的清晰。”

胡校长一脸的自豪和骄傲，一边的李萍老师腼腆而羞涩地笑着。

这节“引导自学”课型，从教师的明确自学重点，到学生的个人自学；从小组合作到全班交流、质疑；从教师点拨到学生的自我巩固，无不凸显了学生自主学习、小组合作的魅力。

2018 年 10 月 18 日

也谈“小组汇报”和“巩固自学成果”

庐阳区近期的“引导自学”课堂有了很大的长进，得到了“自育自学”创始人何炳章先生的大力肯定，同时何先生也指出了课堂中存在的问题。即“交流自学情况”时的小组汇报以及“巩固自学成果”两个环节，在小组汇报和巩固自学成果的方式方法上，教师把握得不够精准。

小组交流时，仍然存在全组成员站起来，在小组长的带领下，逐一朗读课文，或者是逐一发表观点，或者是齐声朗读。

巩固自学成果时，仍然是教师过度设计，从内容和方式上设计出一些听说读写的练习等等。

为什么说以上的方式方法不够准确呢？

何先生的《原点》一书中关于“引导自学”课堂的论述，一再强调，小组交流时，是小组长带领下的全组成员逐个发言，倾听补充，并确定好全班交流时的发言人，发言人将本组的发言记录并概括整理。然后由发言人代表本组成员作发言，如果代表发言不够完整，成员可以补充。这里强调的是小组代表的发言，而不是小组成员交流时的情形再现，这里体现的是小组代表对于本组交流时的概括和表达。

我们每每会在“引导自学”课堂中看到小组成员的精彩展示，这可能是我们教者的小私心，想让观课的领导专家们看到，学生自学和汇报时的成果是多么精彩。可“引导自学”课堂的实质在于学生的学习自得，这也是真实的课堂和表演的课堂区别之所在。

关于巩固自学成果环节，《原点》一书中也是明确强调，是学生围绕重点自学交流后的自我巩固。所以这个环节是学生围绕本课的自学重点，自我练习，或读,或说,或背等,而不是教师设计出的一些听说读写训练。这个环节注重的是学生自我的巩固,即围绕本课自学重点,自我选择巩固的内容、巩固的方式,进行的自我巩固。

我们每每会在“引导自学”课堂中看到,教师在引导学生巩固自学成果时,会有五花八门的绝技,这些绝技都是我们教师利用在长期的一般性课堂中积累的丰富经验,设计出的一些别出心裁的训练。可是“引导自学”课堂和一般性课堂的不同之处就在于教师完全放手,学生才是真正的主体。如何巩固,巩固什么,仍然是学生的自我行为,当然是教师指导下的自我行为。

那么在小组汇报和巩固自学成果上,如何才是正确的做法呢?

且以两课的具体设计来说明。

如苏教版四年级上册《开天辟地》一文的第二课时,教师设计的自学重点是:通过品读盘古开天辟地和化生万物的词句,感受神话的丰富想象,感知盘古的伟大形象。教师让学生自学、小组内交流,继而小组代表全班交流。

教师请小组代表全班交流时,小组长请本组成员都站起来,然后小组成员四位分别朗读文章的自然段,接着是分别说说品读词句时感受到神话想象丰富和盘古的伟大形象。

小组每个成员的朗读很精彩,发表见解也是独到深入,但对于“引导自学”课堂来说,小组全班交流强调的是小组代表全班交流。那么此时就应该是组内推选出的代表在全班朗读课文,代表在全班交流本课围绕重点讨论的问题结果。

再如苏教版三年级上册《孙中山破陋习》一文的第二课时,教师设计的自学重点是:有感情地朗读课文,理解孙中山破除陋习的原因。教师设计的巩固自学成果是:谈谈你了解到的封建陋习。

自学重点是通过读课文,理解孙中山破除陋习的原因,巩固成果是谈谈你了解到的封建陋习,两者关联上是不是让学生围绕重点,自我巩固本课所得?

教师在巩固自学成果方式时,采用的方法是“让学生谈谈你了解到的封建陋习”,是让学生在之前查资料的基础上,逐个在班上发言交流。此方式已经不是学生的自我巩固的方式了。

因而,此课在巩固自学环节,应该是请同学们围绕本课的自学重点,也就是请学生有感情地朗读课文,说说孙中山破除陋习的原因。接下来放手让学生们自我练习巩固,时间四至五分钟。

看来，两个环节之所以出现偏颇，皆是我们对于“引导自学”课堂的核心和独特性把握不够。

“引导自学”重在自学，因此在小组汇报方式上，不必要全组都展示，每组汇报时不必要呈现每个组员的精彩发言，而是重在学生小组内实实在在地发表观点、聆听补充、思维碰撞、总结概括，让课堂的时空属于学生真正的自学。

在巩固学生自学环节上，不必要设计读和背的方式，不必要设计说和写的练习，而是放手让学生围绕自学重点自我巩固。

2015 年 12 月 31 日

课堂的“春天”

课堂的生命力，来自于学生的本位，来自于儿童的立场。这也是“亲近母语2018年教育研讨会”的主题。

这生命力的勃发，彰显着课堂的春天。冬日初临，我却闻到了课堂里春的气息。

不久前“和美课堂”活动期间，听到了久违的全国名师，被看云称作“玫瑰”的清华附小校长窦桂梅老师的一节课。这是一节二年级部编教材《葡萄沟》的教学，窦老师带领孩子用多种方式反复地读，组织孩子用多种方法学习词语，设计各种各样的情境说话练习，以及指导孩子们识字写字等。在学生整节课的学习活动过程中，多次运用了小组合作、同桌互说互评等方法。

一看到名师课堂上“小组合作”的充分运用，心中暖流阵阵。

在说课环节，窦桂梅老师就“小组合作”学习特别说明，清华附小就在课堂中充分利用“小组合作”来进行教学，今天时间紧，不能对小组如何合作细致地指导。言外之意，我们听出了清华附小的老师们在课堂上都运用小组合作，并有具体而详细的指导方案和措施。

一所著名的高等学府附属小学，把“小组合作”作为课堂教学的主要手段，这意味着什么呢？生本课堂？绿色课堂？还是儿童立场下的生命力课堂？或者都是吧。

我感到课堂改革真正的春天即将到来了，春的气息丝丝而来。小组合作学习是我们庐阳小语课堂一直倡导和践行的学习方式，如今有了同伴，更有了坚持的自信。

近日，在“亲近母语”举办的活动中，深圳福田区教科院附小教研员白皛老师上了一节古诗，讲唐朝诗人张籍的《秋思》：

洛阳城里见秋风，
欲作家书意万重。
复恐匆匆说不尽，
行人临发又开封。

白晶老师让学生读题思考，然后读诗并尝试吟诗，接下来在初步感知诗意的时候，学生的学习活动就是“小组合作”学习。白老师请学生四人为一小组，合作讨论每一句诗大概说了什么。学生在之前充分的读思之后，此时的小组讨论，可谓最佳时机。学生都有话可说，都有话想说，交流中思想碰撞，互相补充，又各自碰撞。

后面师生交流时，果然精彩纷呈，学生个性化的理解和表达为白晶老师下一环节——“行人临发又开封”，诗人开封后又会写上些什么呢，做好了铺垫。

一般的古诗教学到了此处，再读读背背便结束了学习，可白晶就是白晶。他接着抛出了质疑，你们此时还有疑问吗？瞬间，沉默，再沉默。白晶老师说：

“请四人为一小组讨论一下，你们还有什么疑问？”

小组交流后，师生全班交流时，高质量的问题都出来了。

学生一开始不敢轻易说出疑问，怕被别人笑话，可是疑问正是学习的最高境界。学习已知，是为了下一步的未知，从而将学习的兴趣引向课外，引向更为广阔的视野和天地。而“小组合作”，正是让孩子们在交流中明晰疑问，在讨论中证实疑问，从而激发思考，从已知再走向未知的探究。

白晶的课堂，让我们再一次感受到了“小组合作”的充分运用，恰当运用。

生本课堂，儿童立场关照下的课堂，就是儿童成为学习的主体，主动而又有活力的课堂。这种有生命力的课堂，正是课堂的春天，一股春的气息，扑面而来。

“小组合作”，是真实的合作，是在该合作之处的充分合作，小组合作无疑是将课堂还给了学生。在2018年秋季儿童阅读课程推进大会上，来自重庆的徐颖老师上了一节部编教材《牛和鹅》，更是在课堂教学上将学生推到了完全自主的位置。

且看她教学过程中的第一板块：

1.读课题,明确学习要求。

(1)在你的记忆里,牛和鹅有什么不同?在作者的记忆里呢?让我们走进课文,去好好读一读。

(2)出示自学提示:

a.通读全文,标出自然段。

b.勾出文中的生字词,多读几遍,遇到不懂的词语联系上下文想一想,再和同学讨论讨论。

c.想一想:课文主要写了什么?读了课文你有些什么感受?

2.自学课文,相互交流。

(1)根据自学提示学习课文。

(2)相互交流,关注自学时的批注与勾画,了解学生初读课文后的感受。

徐颖老师贯彻部编教材中的语文要素:学习用批注的方法阅读。在批注前让学生自学,并在自学中完成“标、勾画、想一想、说一说”等,这都是学生在老师指导下的自主学习。长期下去,学生自然就学会了阅读的方法:圈、点、勾画、批注,贯穿在这一系列中的学习行为就是“读、思考、交流讨论”。

这节课教学的第一板块,是学生充分的自主学习,相互交流。

自主学习,小组合作,这是课堂上学生真正的学习行为。就如日本教育家佐藤学先生倡导的“活动的、合作的课堂”,也正如安徽省教育家何炳章先生所创建的“引导自学”型课堂。这样的课堂,才是真正的具有生命力的课堂。

2018 年 11 月 22 日

教育之思

也说语文核心素养

核心素养,一时间成为教育人谈论的热点话题。人的核心素养,教育的核心素养,学科的核心素养,不一而足。

正如一位资深专家所说,我们始终是在寻求事物的本质,于是在探索的道路上,不断地会有诸多本质上的回归。

今天讨论的是小学语文的核心素养,就语文学科的小学段而言。有位骨干老师说:“我不知道什么是小学语文核心素养啊,最近没有好好学习。”她真的不知道吗?其实,她每天都在做。所谓小学语文核心素养,只不过是在“语文素养”中间加上一个词“核心”而已,素养还是那个素养。

专家从理论层面有种种解读,有说是指学生对于语文的理解、运用、思维、审美,有说是语文素养的生成和实践训练。实际上,具体呈现在孩子身上的核心素养,不就是我们通常所说的“五个一”吗?

小学段的语文核心素养具体体现在孩子身上,是写一手好字,拥有一副好口才,能写一手好文章,养成一个良好的阅读习惯,具有一副人文情怀。

教育从来都不缺少新的提法。从多年以前的特色学校开始,然后到校园文化建设,再到校本课程建设,直至今日的核心素养。但似乎缺少具体而长久的做法,就小学生语文核心素养来说,我们缺少的也是具体的做法。

以上说到小学生语文核心素养具体体现在“五个一”上,而这“五个一”如何得以形成?仍然要回到语文教学实施的主要途径上,那就是听、说、读、写。所有的语文知识的掌握,能力素养的形成,都离不开课内和课外的“听说读写”语文实践。所以,小学生语文核心素养的形成并不需要另辟蹊径。我们都已经行走在路上,只是如何才能走得更好而已。

这就是我想说的第二点，小学生语文核心素养形成的第二点做法，就是需要在课程建设上做文章。仅有的语文教材根本满足不了当今大语文观的需要，也不能适应自媒体时代学生语文核心素养形成的现状。语文课程资源需要补充和拓展，首先要补充的就是国学经典，背诵《小学生必背古诗75首》仍然不够，还需要读背“四书五经”中的选篇、选段、选句。其次要补充大量的课外读物，整本书阅读，包括各类儿童读物及图画书阅读。整本书阅读改变的是一个人的人生，不是一两篇文章所能相比。最后还要在课内外开展大量的语文实践活动，如户外活动、戏剧排练、讲故事和演讲等实践活动，这才可使学生的语文核心素养得以真正的形成。

语文核心素养形成的主要途径是听说读写，以及要在课程建设上大做文章。第三点要说的是课堂。

语文核心素养的形成，绝大部分的时间是在课堂上。每一天，成千上万的孩子都在语文课堂上度过；每一天，成百上千的语文老师都是在课堂上教学语文。如何让语文课堂简约、高效？这是小学生语文核心素养养成的关键。

那首先得是生本课堂，以生为本的课堂，是看学生在课堂上学得如何，学到多少，语文素养能力的养成怎样；而不是看语文老师在课堂上的精彩设计和精彩展示。身边一位校长说，他听课时喜欢坐在教室的左前方，看全班孩子学习状态。记得多年前华师大的叶澜教授就是如此听课的。

生本课堂，还得看是不是所有的孩子都被关注。教学中，我们最需要关注的就是那少数学生，他们才是全面提升核心素养的关键所在。现实课堂中，我常常看到老师提问时，总是点那些回答出彩的孩子来回答问题。偶有站起来急急巴巴说不出个所以然的孩子，老师便让他坐下，然后目光急忙转向其他孩子。我还常常看到，课堂上总有少数孩子游离于课堂，老师并没有关注，即便看到了也权当没看见，继续往下进行。

生本课堂，还得看有没有真实的学习行为产生，有没有真实的思考学习过程。语文课堂上，那种浅层次的问题，学生不做思考便随口答出，看似热烈，实则浅薄。语文课堂上，那种一个问题下去，学生立即齐声回答的，其中难免有“滥竽充数”者、随口附和者。学习语文需要潜心会文、咀嚼涵泳的思考过程。真正的好课，应该是静默的阅读和深思，应该是轻声而投入的探讨交流。

生本课堂，是简约、高效的课堂。简约不是简单，简约是指去除那些浮华的形式和不必要的问题设计，是直奔语文目标的实践过程。高效是指学生语文核心素养形成的高效，课堂上是学生的听说读写，而不是老师繁琐的讲解分析。

说得简单一点，在课堂上表现为孩子读熟课文，背诵课文，语言表达训练，指导书写落实，当堂完成作业。

如此，才可谓简约而高效的课堂。

简约而高效的课堂如何得以形成，必然归结于语文教师的专业发展。这是小学生语文核心素养形成的最关键一点。

一位优秀的语文教师，必然是热爱读书写作、善于思考的人。

唯有热爱读书和写作的语文老师，才可以对语文教学有着本质的认识。那样的话，培养学生的语文核心素养的教学行为才可以真正地发生，实现学生的语文核心素养才可以真正地落实。

唯有热爱读书和写作的语文老师，才可以真正地读懂教材中的每一篇选文，既能明了作者表达的内涵，又能明了作者是如何表达的，还能明了编者编写的意图，从而达成有效课堂、有效教学的目的。

身边有一位年轻老师坚持随笔两年，他跟我说，坚持写作之后，读文章的视角发生了改变，原来只关注作者写了什么，现在还关注了作者是如何谋篇布局、遣词造句的。

唯有热爱读书和写作的语文老师，才能拥有选择教学内容和教学方法的能力，而这种能力才可以让孩子在课堂中真正地养成语文核心素养。不同的教师，在教学同一篇课文的时候，选择的教学内容和方法是不同的，相应的教学效果也是不一样的，当然在学生语文核心素养的形成上也是有差异的。何故？当归为教师自身的素养、读书和写作之故。

简而言之，我们不仅要讨论明晰什么是小学生的语文核心素养，更要讨论的是如何养成小学生的语文核心素养。

2017 年 3 月 9 日

说“学校文化”

学校办学以文化建设为荣。诸多的学校请专家、请领导来讨论制定学校文化创建实施方案。如果文化创建实施方案通过了上级领导的验证，那么上级部门将会有一笔款项拨付给学校，专门进行学校文化的创建。

如果学校没有进行文化创建，是不是学校就没有文化呢？

学校的文化，是不是专家论证、制定出实施方案后，文化就能出来了呢？

文化到底是什么？

台湾作家龙应台在谈及时说：“文化？它是随便一个人迎面走来，他的举手投足，他的一颦一笑，他的整体气质。他走过一棵树，树枝低垂，他是随手把枝折断丢弃，还是弯身而过？一只满身是癣的流浪狗走近他，他是怜悯地避开，还是一脚踢过去？电梯门打开，他是谦抑地让人，还是霸道地把别人挤开？一个盲人和他并肩路口，绿灯亮了，他会搀那盲者一把吗？他与别人如何擦身而过？他如何低头系上自己松了的鞋带？他怎么从卖菜的小贩手里接过找来的零钱？”

文化，它和人密切相关。学校文化，它和师生密切相关。

由此看来，学校在没有进行文化创建之前，文化就存在，在师生和生生之间。而专家和领导指导后，形成的学校文化创建实施方案，也是得通过人的力量，在人的身上体现。文化是不可以被制造出来，更不可以短时间内创建出来。因为人的改变是需要时间的，是“慢”的功夫，是文化的长时间浸润。

如果一所学校的校园文化在短时间内就可以被打造出来，那么充其量也只是校园的环境文化、制度文化和组织管理等方面的文化。而校园文化真正的实施和体现，应该是在师生身上，甚至是学生家长、门卫身上体现出来，也就是在和学校相关联的所有人身上体现出来。

那么，学校文化的发生就必然体现在教师队伍建设的内涵上，师生生活的课堂上，校园的各种学生活动上，甚至是学生的每天作业和每一年寒暑假作业布置上。

如此看来，学校文化早已存在，并不是没有学校文化创建实施方案的学校，就没有进行学校文化建设。

如此看来，学校文化建设，就不能仅仅表现在高深的理论层面上，甚至为了标榜自我而和其他学校区别开来，故意美其名曰什么什么，或者深挖历史，搞出个另类来。因为人类的文明是共同的，人类的文化也是共性的。况且，很多时候，学校的文化建设，都有着时代和地域的共同性。

学校文化，仍然是教师的文明和文化，多读书，多修身，多以言行来影响感染学生的身心成长。特别是教师的善行和爱心，是学校文化的核心所在，因为教育就是爱。

学校文化，仍然是课堂文化。杜威的民主主义教育，陶行知的“小先生制”，佐藤学的“合作的、活动的、反思性的学习共同体”等，都是在倡导课堂文化。课堂是那么多的学生每天学习和生活的地方。课堂是学校文化建设的主阵地，是学校文化的根。

学校文化，仍然是学生的活动文化。学校除了课堂，就是学生的活动。在活动中，学生感受人与人之间如何共处，如何克服困难，如何取得成功。

学校文化，说到底是学生的文化，所有的手段和过程最终将体现在孩子身上。无论是学校的环境，学校的硬件设施，学校的图书馆，还是学校的现代化手段，学校的特色课程等等，如果没有在学生的身体和心灵上留下积极的影响，那么所有的所有都是无效的。文化，是一所学校学生的风貌和气质，它以无声的语言彰显着学校的文化。

学校文化，也许并没有那么复杂。它至少不是撇开师生课堂和学生活动的一种创造，也不是学校借助外力的一种催化，更不是完全靠方案和资金能形成的。

2016 年 1 月 30 日

读背经典需突破

不久前，参加几所学校的毕业班试卷研讨，会上一中年男老师说：“现在要求中高年级学生读背《论语》，我们感觉到压力很大，真不知道如何来对待。”

这位瘦削的中年男老师一脸的愁容，语气中有着不满，有着无奈。听完他的话，我心中不免有些忐忑和不安，是我让老师有了这样的愁绪。

2013 年的暑期，我在全区小学语文教师培训会上，提出了一二年级孩子选背《三字经》，三四年级孩子选背《弟子规》，五六年级孩子选背《论语》。之所以在全区语文教师会上这样提倡，原因如下：

一是我们小学现行语文教材经典篇目偏少，有必要补充一些经典。我看到台湾一所小学在推行经典时，也是采取一二年级背诵《三字经》，三四年级背诵《弟子规》，五六年级背诵《论语》的方式。

二是回看我们历史上的名家大儒们，哪一位不是自小与经典为伴。他们小时候就背诵了大量的国学经典，如“四书五经”等，胡适、季羡林、丰子恺、李叔同等都是。这使得他们后来在人生之路上厚积薄发，有着非凡的建树。

三是回顾千年来的私塾教育，感受到私塾教育中大量地读诵经典，也是为一个人的终身发展打下了基础。这正如“亲近母语”所提出的：成长为精神清明、情感丰富、有独立理性、有中国根基的世界公民。

四是现行的语文课程标准里，提出了大量阅读，并背诵 75 首古诗文的要求。而我们现行使用的小学语文教材，12 册书中共只有古诗文 40 多篇，还有 30 多篇需要老师们去拓展和补充。

为了落实全区学校读背经典的目标，我在六年级毕业检测时，适当地渗透了一些经典元素。比如试卷的第一题是书写考查，请学生抄写一段话，要求正确、工整、美观，选取的内容就是《论语》上易为学生接受的一些语段。而在试卷的第二板块“积累运用”时，也注意考查学生背诵教材之外的一些古诗词，目的是为了加强学生对教材之外的古诗文诵读。

如此，才有了一开头那位男老师的一脸愁容。我也正是抓住试卷检测的导向，让一线的老师们尽可能地落实经典诵读。虽然有点强求，但收获还是有的。

还记得几年前，一位白发苍苍的老奶奶，义愤填膺地冲进我的办公室，用颤抖的声音说：“老师，为什么不让孩子们多背背经典？你看现在的孩子们，文明礼仪方面表现很差，社会上的人也是道德滑坡。我多次跟人大、政协委员提议，在学校里让孩子们读背《弟子规》……”老太太显然非常激动，滔滔不绝一番后，还执意送我一张《弟子规》的光盘。

至今，这张光盘仍放在我的办公室，似乎是一种警醒。

当然，这只是让我下定决心全区推行背诵经典的一个契机而已。

其实，我早有此意。

小学阶段是记忆的黄金期，大量的诵读正有利于发挥孩子个性上的特点，因势发展。每次在课堂上，看孩子们诵读经典时，几遍下来孩子们就能朗朗上口，而在一旁听课的我却是背了上句，接不上下句。

孩子们的大量背诵，会在人生的不同阶段中复现，那时的复现将会让经典更加的丰富。如果我们强调中小学语文教学需要衔接的话，那么小学阶段背诵大量的经典，就是为中学的语文学习做的最好准备。

身边很多校长和老师和我谈到过，他们的孩子在小学时背诵了大量的经典诗文，到了初中，甚至到了高中，文言文的学习轻松多了。

当然小学阶段大量背诵经典诗文，需要教师们有所改变：

一改满堂灌。教师在语文课堂上精讲，甚至不讲。让学生读读课文，背背书，写好生字词，解决一些主要问题即可。一篇课文一课时或者半节课就可以完成，剩下的时间完成作业，或读课外书，或读背经典。

二改课堂模式。传统的课堂结构模式需要改变，让课堂变成学生学习的课堂，生本是课堂的核心要素。课堂上就是学生自读自悟，自我完成读、背、写，或是两人合作、四人一小组合作。真正落实课程标准所提出的“自主、合作、探究的学习方式”。让课堂瘦身，课堂洗练。如我们一位局长所言：“老师们要洗课。”

三改作业和检测。老师在备课时,可以将课后作业及基础训练上的作业融合到课堂教学中来,做到精讲多练。同时对于现行的基础训练及一些检测试卷练习题等,老师也要有所选择,有所放弃,不可照搬全做。那样师生都会很累,而且还低效。

当然,作为教研员的我,更应该多学习,多思考,如何制定出高质量的检测试卷,把教师和学生从大量做习题中解放出来。语文水平从来都不是做习题做出来的,而是要通过大量的阅读和积累,深入生活实践才能得以提高。

语文教师,如果能从一本教材和大量习题中跳出来,那么才有可能过得诗意一些。如果从学生学习语文的本质规律上出发,那么才有可能突破教材和课堂。如果将语文教得简单高效一些,那么才有可能让学生大量地阅读课外书和诵读经典。

啰嗦这么多,也不知那位紧锁眉头的中年男老师,脸上可否舒展了一些。吴非说:“不跪着教书,也许就是强调一种自我突破吧。”

2016 年 5 月 20 日

乡村教育絮语

乡村教育，一直在默默地，一如广袤的大地，养育着无数的精灵。

所见的乡村小学，基本上是一个年级一个班，一个班里的人数多则五六十，少则几位孩子。学校老师总数比班级数多几位，规模大一点的乡村小学，也就十来个老师。

长期待在乡村小学的老师，一则是很安分的老师，基于个人家庭或性格上的原因；一则是挣脱过，挣扎过，最后无奈地安于一隅。也许还有一些特别的情形，比如内心的安宁，比如挚爱那一块土地、热爱那一份天地等。

乡村教师，面貌和装束都和大地的颜色很接近，在四季交替更迭中，也有一些花红柳绿的变化，但千变万化不离土地。他们谦恭、质朴，大多不善言语。

他们要不停地在课堂中穿梭，因为教师人员少，很多门学科同时兼带；他们要埋头批改作业，因为放学后要赶回家，有的路很远，有的回家还有其他事务要做；他们整天哼哧哼哧地教书、训导孩子，因为他们很少感知外界的变化，不知道教育的世界如季节般在更迭、变化。

他们不知何为校园文化、校园特色、课程建设，他们不知何为生命课堂、生本课堂、和美课堂，他们甚至也不清楚学生的学科核心素养、学习共同体建设、合作、实践反思性的学习方式。他们只是每一天不停地进课堂，再批改作业，处理学生间的鸡毛蒜皮事情。

区域大型评比活动，乡村小学很少能有出类拔萃的，这很正常。

区域课堂教学评比活动，乡村小学几乎没有教师能获一等奖，这很正常。

区域学科教学质量检测，乡村小学的平均分低于城区小学的平均分，很多很多，让人看着不忍心。

何故？

听他们诉说：

一个班级，百分百的孩子是进城务工随迁子女。晚上布置作业，双休日布置阅读，反馈回来的是，大多数作业完不成，大多数孩子没有阅读。因为父母亲都是打工的，自己没文化，也没有时间和精力来督促指导孩子，更没有能力和方法来帮助孩子。

一个班级，各种稀奇古怪的孩子往往有数十个。说话不清楚的，性格孤僻的，智力有障碍的，还有三天打鱼两天晒网的。这是社会底层人士的孩子，他们的父母有的本身就是不甚健全的，又怎能生养出优秀的孩子？但，他们具有独立的人格，有权利享受一切。

一个班级，孩子们来自各地，有贵州的、河南的、海南的。这些孩子才来时，听不懂老师和同学们说话，老师和同学们也听不懂他们的话。一个词语，老师示范着反复带读，才能纠正这个来自偏远地方孩子的发音。

六年级了，又转来一个孩子，居然不认识字。老师很奇怪，我听着也很奇怪，还有这样的事情。然后是从头教起，从汉语拼音学起。

最无奈的是，今年转来的孩子，明年突然又走了。多的时候，转进转出达到几十人，班级不变，同学在变。乡村小学学生的流动量，受到社会上打工人员流动量的直接影响。

……

面对这样的乡村小学，深入这样的乡村小学，你还能再风花雪月吗？你还能再大谈特谈课堂教学艺术吗？你还能再要求他们研究课题，出成果吗？

这样的乡村小学，老师有爱心就是最好的老师。面对这样的一群群孩子，在不断迁徙中适应着外面的世界，此时，老师的爱，就是林间甘露，就是开启心灵的金钥匙。

这样的乡村小学，老师有耐心就是最好的教学艺术。能静等花开的声音，能以无限的怜悯和同情对待一个个生命，这是一种宗教般的情怀！

这样的一群孩子，无法用当今最前沿的教学理念和方法来教学。老师说，我们在外面学习名师的课堂教学方法，回到家里来教不管用。怎么能管用？

这样的一群孩子，需要老师“哄”着学，不停地鼓励，不断地变化着花样鼓励，看到一点点的进步就表扬。

这样的一群孩子，语文学习最好的方法，就是读、背、写。微课、慕课、翻转课堂，什么多媒体教学系统，全一边去吧！

大地，是宽厚的，所以滋养着这样的乡村小学。孩子们来了，孩子们又走了，她都笑看不语。我们能否拥有大地般的情怀去看待乡村小学的一切呢？

2016 年 6 月 25 日

不要再排名了

和教育同行开会时，我问："你们那里考试成绩排名吗？"他无奈地一笑说："仍然排名。"我沉郁的心随之咯噔一下，排名之风何时了？

"分，分，分，学生的命根；考，考，考，教师的法宝。"当真这样吗？

在没有建立一个诚信的社会系统之下，考试是中考、高考录取的唯一公平砝码，毋庸置疑。在没有形成一个科学而又全面的教育质量评价系统的前提下，考试是一个最易检测的标尺，教育人也无可奈何。在社会还没有形成正确育人观的背景下，考试是一项众所皆知的重要标杆，谁也无法改变。

可是，教育真的等同于考试吗？教育质量的高低，能简单地用分数来断定吗？当然不是，可是为什么大家又都乐此不疲、郑重其事地谈分数、排名次呢？

一个地域的教育系统统测时排名次，那么辖区内的学校就会仿效排名次，学校里的班级老师当然也上行下效排名次，家长就不用说了，最想知道的就是孩子在班上排多少名。如果说中学因为中考、高考之故，尚可理解，小学生也是这样全校、全班排名次，这是教育怎样的倒退？我曾听校长说，开会时，面对排名坐不住啊；我听老师说，同年级某某班老师比我还年轻，可平均分比我高，我面子上过不去啊；我听家长说，我家孩子老是排名靠后，我都给他上了补习班了，可是不管用啊。

于是，期末考试前，教育局会接到家长的投诉，某某学校某某老师布置作业太多，一个晚上三张练习卷，孩子做到十一点都还没有做完。也有老师说，学校针对考试年级开始增加考试科目的课时，放学了还增加一节课。可笑的是，有一次遇到一个二年级的小朋友，听说家长还给他请了家教，一个星期三个晚上上门辅导,就是为了提高学业考试成绩。更有甚者,期末考试时,有个别老师将学业成绩差的孩子动员回家,不参加统一考试。那些不配合的家长,会打电话投诉到教育局。凡此种种,不一而足。

考试排名,苦了局长,苦了校长,苦了家长,更苦了孩子。苦,也许还不算什么。因为考试,过重的作业负担,过度的习题训练,孩子没有了自然生长的空间。

放学了,不能和伙伴们快乐地玩耍;双休日,不能到大自然中肆意滚爬;空闲时,无法簇拥着涌进学校的图书馆,更无暇走进社区图书馆。

春日到来了,万物萌动,生机勃发,孩子们只能隔窗看花,阁楼眺望。夏日炎炎,知了唧唧,绿意盎然,孩子们只能在空调房中做习题,做试卷。秋日降至,层林尽染,硕果累累之季,孩子们只能在超市里收获那满满的果实,无从知晓果子来自哪里,更无从享受从果树上摘果子的那种快乐。冬季来临,白雪飘飘,万物萧条,孩子们缩着小手小脚,埋头写着写着。最多只能在课间,和同伴们在操场上疯狂地打一场雪仗,有时还需要偷偷地。

自然,是孩子成长最好的乐园,也是孩子一生成长中不竭的资源。曾经看过一个研究资料说,诺贝尔奖获得者的童年无一不是和大自然亲密接触的,他们基本上都是生活在农村乡下,和大自然的万物亲密相处。童年的好奇心,一直陪伴着他们,直至他们在各自的领域里创造了非凡的成就。

经常会有人说,我们缺乏童子功,比如童年时期没有大量地阅读和背诵,所以成年后,对于经典无法像央视主持人董卿那样信口拈来;我们也没有于丹那么幸运,她有一个好外婆,每天教她读诗背诗;我们更没有习主席那样刻苦好学,大量地阅读书籍经典,领略了传统文化的精髓。

我曾将胡适、季羡林、林语堂、梁启超、梁实秋等大家的童年经历一一找来,我惊奇地发现,他们无一不是在童年时背诵了大量的国学经典,然后走向世界,开阔了视野,继而成就了他们的今后。

可我们的孩子都埋在作业堆里了,从何而谈大量诵读经典,大量阅读课外读物?即便是孩子们考试时获得了高分又能怎样,仅仅满足一下家长和老师的自尊心而已。对于孩子们的一生来说,什么才是最重要的?谁都知道,是孩子的兴趣发展,孩子的大量阅读,孩子的身体健康。

卢梭说,孩子是独立的个体。

诚然，一个能独立的个体，他便有享受自由的权利。可我们的孩子们哪里会有自由？玩是孩子的天性，今天多少孩子能拥有野外玩耍的自由，放学后和同伴们邀约游戏的自由？如果连玩都不会了，孩子们还会什么呢？

玩，同时也是孩子最大的快乐。身边有位妈妈对她儿子最大的奖励就是，做完老师布置的作业后，再完成妈妈布置的作业，然后给予孩子的奖励是：可以到小区里玩半个小时。如果这个孩子完不成老师和家长布置的作业，或是拖拉一下，半个小时的玩耍也就没了。

记得一个教育家说过，以无限的同情心对待孩子。孩子，从一定层面上来说，他是需要成年人同情的，因为大多数的孩子没有自主性，无论是时间还是物质，都要来自于成年人的给予。如果孩子要想夺回自己的自由和快乐，那得满足于大人的一些“好心”要求。

救救孩子！不要再给考试排名了，否则无数个孩子将会没有了童年。

心理学家说，童年的一切往往决定了孩子的一生。为了孩子一生的幸福，我们还是放过孩子的童年吧。

2017 年 3 月 5 日

以教育的名义被“摧残”

一段时间,有这样的一句话挂在教育人的嘴边:一切为了孩子,为了孩子的一切。

果真这样吗?

我认识一位男孩子,最初是在他五六岁的时候,长着一双铜铃般的大眼睛,忽闪忽闪的,大眼睛一眨的瞬间,闪现的是一串灵动的光彩。

再见这位男孩时,他已经十三四岁了,一身的赘肉,走起路来都有些吃力;一双大眼如故,只是没有了光彩,甚至有些呆滞。那个灵动可爱的小男孩哪儿去了?

他,在一所名校上中学,学习成绩不好,度日如年。

每天晚上一大堆的作业,要做到十二点左右。有时候,十二点钟还没有做完,他的爸爸只好“代笔”了。

身为财务总监的爸爸,很无奈,说看到孩子十二点钟还不能睡觉,一副极其痛苦的样子,做父亲的心很痛。孩子想极力完成,但实在是无法,既想睡觉,又怕明天的到来,于是就在那里坚持着。除了耗时间,没有任何的意义,于是爸爸只好就操起笔来,代为完成。

这每一个夜晚的“熬夜”,换来的是第二天的“熬课”。上课的时候,孩子常常打瞌睡,课也听不懂。后来,课堂也就变成了“睡堂”。

于是,恶性循环。晚上熬夜做作业,白天“熬课”打瞌睡。

继之而来的痛苦是老师和校长的“恐吓”。

因为成绩不好,隔三差五被批被罚很正常,很多个夜晚熬夜写作业,都是被罚之故。每个夜晚都熬过去了,熬不过去的是他们被告知:如果中考成绩不达普高分数线的话，将不予毕业，更不可能拿到初中毕业证书。

这回，男孩的爸爸更忧虑了。

男孩的爸爸说，班上好几个同学的家长都是这样被告知的，而且越是临近中考，这样的告知就会以各种形式传递给家长。男孩的家长萌生了是不是不参加中考的念头，但是不参加中考，去别的地方复读对于孩子也没有什么意义，只想让孩子初中毕业后去职业学校学个技术，将来有口饭吃。

我想：这不是老师们常用的伎俩吗？吓吓家长和孩子，要孩子努力学习而已。

问题并不那么简单。中考结束后，男孩的成绩果然不好，家长去拿毕业证书时，被副校长告知，不发毕业证书。

这边男孩的爸爸在想办法给孩子物色一个合适的职业学校，那边名校按照“规定”不发毕业证书。眼看就要提交报名材料了，可学校坚持认为孩子成绩未达标，就是不发毕业证书。这是什么道理？于是家长找人，找到了教育局副局长，几经折腾，终将毕业证书拿到手。

男孩爸爸疲惫的面容上，露出了一丝苦涩的微笑。

半年后，再见这位男孩时，他的一双大眼中闪烁着微微的光亮，似有一种欢愉在他的双眸中升起……

身边有位漂亮的小女孩，也是一位差生，她如今正在“煎熬”中。

追着名校，追着特色班，她坠入了“深渊”。

因为爱美，被老师告知，剪去长头发。因为成绩差，被老师告知，退学回家关几天。因为家远中午回不了家，被老师告知，让家长在学校附近租房子。女孩的爸爸、妈妈，包括弟弟和奶奶一起搬到了学校附近的出租房里，三个月以后，女孩的成绩仍不见起色。女孩的爸爸实在无望，于是拾掇拾掇所有的物品，再搬回原来的家。

女孩成绩不好，班主任老师跟全班的同学说，不要跟×××同学玩，她是个坏女孩。女孩很凄然地晃荡在校园里，中午不回家在外吃饭，结识了邻班的一位差生小男孩，“同是天涯沦落人”，相同的境遇，自然相互取暖。

很快，女孩家长被告知：×××在谈恋爱，并且怂恿男孩家长电话女孩家长，说×××带坏了他家的儿子。

小女孩，回家自然免不了一顿暴打，并被没收手机。据说，那晚女孩哭天喊地，特别是没收了她的手机后，她坐上窗台，面对窗外的夜色，沉默了很久。

几次，我劝说小女孩，转学吧，从头开始。她摇了摇头，她舍不得学校的老师和同学。

转眼间，到了初三。学校的老师们紧锣密鼓地迎战中考，可如她一样的差生，是中考时的大问题，会将平均分拉下几分的，这将如何了得？

果不其然，几位差生陆续转学。女孩的爸爸也被叫到了学校，几位任课老师轮番启发教导，女孩的爸爸坚持不放弃，但事情并不是就这样结束了。

班主任老师怎么看女孩都不顺眼，接二连三地，女孩被老师批评责罚。这天，女孩不知什么缘故又被班主任批评了，同时罚她在操场上跑十二圈。女孩跑啊跑，跑得肚子痛。女孩此时恰是经期，就这样在痛苦中坚持着。

第二天，女孩在操场上上体育课，一圈下来，因为昨天的十二圈，加之又是经期，明显跑步的速度跟不上了。体育老师说身体不舒服就跑一圈吧，可恰巧被班主任看见了，说："别装了！再跑六圈！"

女孩咬紧牙关，跑了六圈。晚上回到家里，全身不是样子。妈妈看见女孩连自己都料理不好，裤子血糊糊地扔在地上，一气之下，责骂了她。她满心的委屈，顶撞了妈妈，接下来，遭到气头上的妈妈好一顿暴打。

女孩晚上，大哭了一场。然后重又坐在窗台上，拿起了小刀，被一旁的奶奶看见，奶奶哭着说："孩子呀，哪能这么傻？你还这么小啊！"

奶奶到处求助，给女孩的爸爸打电话。她爸爸正在外地出差，鞭长莫及。奶奶给女孩的姑姑打电话，姑姑心痛不已，气愤地说要给市长热线打电话。最终，那天晚上奶奶陪着孙女睡了一个晚上。

后来，在家沉静了几日的女孩，又屁颠屁颠地上学去了。谁知道，后面还会有什么事情再发生呢。

中考，给孩子们一个目标，也是教育公平的一个不得已的手段。可中考的结果，如果变成了衡量教育的唯一标准，甚至成为教育部门的政绩，那么教育的一切行为都将变了味。

那样，教育必将没了生命，没了未来。

2016 年 11 月 27 日

成长是一种痛

那天去新庄小学听两位年轻教师的展示课，一进多媒体教室，就看见教室的三面全是区里近几年考入的年轻教师，可谓人头攒动。

上展示课的刘晓妍和吴文娟两位小美女老师，在教室的前后不停地忙乎着，看见我的一刹那，清浅的笑容里掩饰不住内心的紧张，连说：“好紧张！”

“呵呵，有什么好紧张的？就像平常上课那样啊！”我安慰道。

擅长童话诗教学的刘晓妍听罢，一蹦一跳地从我面前闪过，嘴巴不停地叨念着：“我叫不紧张，我叫不紧张……”

见状，我忍不住扑哧一笑。这边擅长绘本教学的吴文娟老师，圆圆的小脸，不动声色，接着我的话音说：“对！我就当面前都是小土豆，小土豆……”

思考片刻，我才反应过来，何为“小土豆”，忙不迭地跟着文娟老师说：“是的，土豆！土豆！”

刘晓妍老师的童话诗教学层层推进，在感受、朗读和仿写的教学环节中，将孩子们带进童话诗的王国中……课后受到与会语文教学专家们的一致赞誉。

吴文娟的绘本教学，也是精彩纷呈，放手让孩子自读绘本，浸入绘本的图文中，孩子们的阅读和发现，以及对于生命和人性的理解，出乎所有听课者的意料。课堂中，连文娟老师也被孩子们对于爱的理解感动得热泪盈眶，说不出话来。

课后，晓妍老师和文娟老师都跟我说，昨晚磨课一直搞到12点以后，然后躺在床上还是翻来覆去睡不着，担心啊，紧张啊！

成功的一节课，教师付出了多少心血和代价！成功的喜悦，总是伴随着一种痛……

紧接着第二天，我去上城国际小学参加学校的青年教师研究课活动。两位年轻漂亮的女老师，带给我们两节扎实、朴实而又不乏灵动的课堂，我内心一阵喜悦。才工作两年的年轻老师，就能上出这样目标清晰，方法得当，充分突显学生为本的课堂，这是多么好的开始，又将会有多么好的前景啊。

课后，我们坐下来一起交流时，洋娃娃般可爱的吕良老师，紧张的小脸似乎解冻了，笑靥如花，连说："我都紧张死了，上课前腿都发抖。"

我们一阵哈哈大笑，为她的可爱和直率。只见她涨红的小脸上，双眸泪光闪烁。

而另一位张静老师，课堂上开阔大气，板块式的教学环节，步步走实。此时，她委屈地说道："我昨天晚上 9 点多推翻了之前的教学方案，然后重新设计，一直忙到凌晨 1 点多钟才定稿。今天好紧张，都没有上完……"

两节沉稳的课堂，两位训练有素的教师，她们在备课和上课前，承受了多少煎熬，付出了多少辛劳，这也许就是成长过程中的一种痛吧。

金蝉脱壳，始终伴着痛；蝶变，又何尝不是？每一次的新生，都是旧我承受着阵阵的痛，然后才会以一个崭新的姿态优美地呈现。

2015 年 12 月 27 日

教师的倾听

佐藤学说过，教师倾听孩子的发言有两种理解方式，一种是理解了意思的理解方式，另一种理解方式是去体味对方话语中潜在的复杂想法。后一种倾听方式不仅是听学生发言的内容，而且要听其发言中所包含着的心情、想法，并能理解其话语所暧昧地表达的意思或言语背后的所指，教师才会产生心领神会的感觉，才能和学生心心相印。

如果教师总是想着自己的教案设计，被下一步该怎么办的观念束缚的话，那么就不可能去体味学生话语中潜在的复杂想法，就不能真正地理解学生发言时所包含着的心情、想法和其言语背后的所指。

我在听课时，常会为这样的一瞬间而扼腕叹息。

一位名师在全市课堂教学研讨会上，教学二年级《识字 7》一课。老师出示了“闻”字的相关图片，图片里有个人在门里侧耳倾听，图形恰似“闻”字。老师问学生：“你都看到了什么啊？”几位学生说了自己的看法后，又有一小男生说：“我看到门里有人，人在‘闻’东西。”话音未落，老师即刻否定了孩子的回答，大概意思是东西怎么能听呢。老师立即将视线转向下一个举手的孩子。课堂后面的听课老师发出细微的骚动声，也许有些老师听出来这位学生话语里的“话语”了。

“闻”在本课的图示中，的确是表明“听”的意思。可是这位小学生也许是思维比较跳跃，他在说“门里有人，人在‘闻’东西”这句话时，似乎说的是“闻气味”的意思。如果此时老师不急着往下赶，而是追问一句，注意倾听孩子内心的想法，那么师生就会心心相印了。

还有一次，也是一节二年级的课堂，老师带领孩子们学习《美丽的丹顶鹤》

一文。上课一开始老师用大屏幕出示了词语：

“遥远　嘹亮　高雅　传说　引吭高歌　展翅飞翔　逗人喜爱”

老师请孩子们分别读词语，然后再请孩子们说说看：“你们在读这些词语时，脑海里都想到了什么？”

孩子们纷纷地说，“出现了美丽的丹顶鹤”“想到了姥姥家很遥远”等。

这时，一位小男孩站起来结结巴巴地说：“我想到了……我……我以前看过一个传说，好……好……看，我想当一个传说家。”说罢，其他孩子们都哄笑起来，也许这是一个在班级里不太被认可的孩子，有点自卑，有点胆怯。

老师似乎没有理会刚才发生的那一幕，眼光立即转向教室的另一个地方，那儿仍有小手在高高地举着。

如果老师能倾听到孩子说话的内容，理解他言语背后所指，那么小男孩是多么的喜悦。他能阅读课外书，对看到的传说很感兴趣，想当一个传说家。这个传说家的背后有着他的想法，他认为写传说的人就叫“传说家”。

如果老师能倾听到班上其他孩子的笑声背后，是对这位小男孩的发言不置可否的话，那么老师就不会急着往下赶，而是鼓励这个小男孩热爱阅读，有志向，那么课堂里将会是多么的温馨。

今天，我又经历了这样的一瞬间。

一位很成熟大气的女老师在教学苏教版四年级上册《莫高窟》一文时，首先带领孩子们回顾全文，提出了问题：作者从哪几个方面向我们描述了莫高窟？

孩子们纷纷地举起了小手，生 1 站起来，刚刚说了一个词语，老师来一个“向下”的手势，让其坐下；生 2 站起来，说了作者先从环境上来写……老师又是一个利索的“向下”手势，让其坐下；生 3 站起来，说作者描写的方法是……老师似乎感觉到又没有切中问题要点，于是又是一个有力的“向下”手势，让其坐下；生 4 站起来，说作者是按照总分总的写法，先写地理环境……老师还是很失望地一个“向下”手势；生 5 站起来了，简明扼要地说了三个词“彩塑、壁画、藏经洞”，老师像变戏法一样，立刻将事先写好的黑板贴片粘在了黑板上：“彩塑、壁画、藏经洞”。于是，所有人都长舒了一口气。

开课环节，授课教师希望带领全班学生顺畅地回顾全文脉络，继而深入重点段学习，没想到不顺手，于是有点着急，没有倾听完每个孩子的发言，也没有理解孩子发言时内心的想法和言语背后的所指，而是急于要那三个“关键词”，从而完成板书。

如果老师能倾听第一个孩子的发言，发现孩子对于统领全文脉络上存在的问题，再让孩子们快速浏览课文，想想作者围绕莫高窟，选取了哪三个方面来具体描述的，那么，就不会出现以上那一幕了。

正如佐藤学而言：教师能接住每个学生的发言，就像能接住投得很差或是投偏了的球，这样的话，投球般的快感会让学生奋起投球，投出更好的球来。教师要重视每一位学生的发言，能做到理解式的倾听，去接住他们的每一个球，重视他们的每一个球，而不要以为只有按自己的教学计划上课才是上课。

2015 年 11 月 12 日

倾听的课堂

倾听的课堂很美，课堂中有着一股股向心力，还透着一股温暖的气息。

倾听的课堂就是学生倾听老师的讲课？不全是。

倾听的课堂，还有老师对学生的倾听。倾听孩子的发言，倾听孩子发言时的内心。倾听孩子们的表情和眼神，倾听孩子们的手势和身姿。老师倾听孩子们的一切，才能在教室里接住孩子们从四面八方抛过来的球（佐藤学语），当然，这里的“接住抛过来的球”，指的是课堂上老师对孩子们的表现所做出的应对。

倾听的课堂就是老师对孩子们的倾听？还不全是。

倾听的课堂，还包括孩子们互相的倾听，如佐藤学提出的“学习共同体”和何炳章创设的“引导自学”型课堂里，小组合作时，同学们都小声发言，彼此互相倾听。

倾听的课堂里，还包括孩子们自我的倾听。

孩子们静下心来，理清自己的思绪，才是真正的自我倾听。也只有能够自我倾听的孩子，他们的思考才是有品质的思考，他们将来才会形成深度思考。如此，我们需要给学生创造的是安全而宁静的课堂。

课堂如果充满着训斥和嘲笑，孩子们就不可能专注于自己的思考，他们可能会将注意力转移到别人身上，心里想：我这样回答，老师会高兴吗？同学们会嘲笑吗？

全美最优秀教师雷夫曾说过，给孩子们一个安全的课堂。

课堂如果大声喧哗，高声叫喊，老师不断地抛出一个又一个问题，学生的思维就会在慌乱中不停地追逐着老师。那不断变化着的问题，让孩子们不能静心思考、深度思考，他们会急于回答，浅尝辄止。

由于一段时期以来，我们追求所谓的“艺术课堂”，公开课时，听课的老师们陶醉在授课教师动情的话语、精巧的设计和孩子们发言时的精妙上，使得课堂不完全是学生学习的课堂了，有了热闹和繁华，没了静心和深思；有了精彩的对话，没了独自的嘤嘤私语；有了个别学生的妙语连珠，没了全班孩子们自我的语言锤炼。

有一位教研员说：“当一个孩子发言时，老师和其他孩子应该是专注地倾听，倾听的过程是思考的过程，是老师调整教学策略的过程，更是其他孩子调整完善自我思考的过程。如果老师能对每一个孩子的发言认真地倾听，长此以往，班上其他孩子慢慢地就会养成倾听他人说话的习惯。如果老师只是需要答案，而不是倾听每一个孩子个性化的回答，甚至粗暴地打断孩子的发言，那么长此以往，就会使孩子们在发言时，揣摩老师的心思，老师究竟要什么样的答案；其他孩子更是不断地举手或喊着：‘我来说！我来说！’”

有一位校长这样说：“当班上的一个孩子发言时，其他举手的孩子将小手放下，认真地倾听发言的孩子说话。否则，他只想着发言的孩子快点说完，我来说。”

这都是关于课堂上倾听习惯的培养。

有一天，如果我们看见课堂上，师生之间、生生之间都能够互相倾听，安静而有秩序，积极而又专注，那么安静倾听的课堂就是世上最美的课堂。

因为静水流深，静能生慧。

《大学》中有这样一段话：“定而后能静，静而后能安，安而后能虑，虑而后能得。”

2016 年 12 月 15 日

语文老师的“累”

小学段，语文老师很辛苦，已是不争的事实。其一语文老师大多是班主任，其二语文老师教学任务重。如果一辈子都当语文老师，很容易，美少女将变成黄脸婆，美少男将变成落魄的老夫子。

累在哪儿？

常常听到很多语文老师说，整天改作业，都累死了。

校长开会时，偷偷地改。课间十分钟急急忙忙地改。放学了，紧赶慢赶才改完《基础训练》。还有那一大摞的作文本，于是手提袋装着，带回家里改。

常常听到很多语文老师说，课文上不完，眼看都要期末考试了。

于是，体育课语文老师要来了，报词语听写；音乐课语文老师要来了，订正《基础训练》；《品德与生活》本来就是语文老师兼带的，干脆拿来直接上语文，进行阅读短文训练。

为何如此？语文老师太“乖”了。

“乖”得每一项作业，都不折不扣地布置学生练习，然后逐项逐题批改，不做半点调整删减，不做整合变通。

“乖”得每一篇课文，都严格遵守教学参考书上的课时建议，教学内容上不做一点选择，而是一一学习；教学过程上不做一点变化，而是师讲生练，生练师改。

“乖”得每一个单元的测试，每一次的期末考试，都将分数奉若神明。如果试卷难或偏，那么从孩子到家长，从家长到老师，都惶恐得很。

一个字，大家都很“累”。

怎么样才可以“不乖”？

作业不必布置那么多，有的作业在课堂教学过程中就可以完成，比如抄写词语、背诵课文等；有的作业可以在布置前思考一下，不需布置可以删去，比如《基础训练》上的一些偏题怪题；像作文练习，大多可以在教师引导下当堂完成，下一节课评讲批改，采用范文引路，采用生生互改、老师当面改等方法。

课文不必每一篇都精讲。有的课文，学生读读、背背，抄写一下生字词即可。半节课就可完成，剩下半节课让学生读读课外书，背背国学经典篇目。山东韩兴娥老师早就这么做了，教学参考书只是参考书，或者说是给才入行的老师们参考的。如此，一学期下来，课文早早上完，再补充大量的教学资源，课外阅读和经典诵读也才有了可能。

小学生没有了升学考试，具备了完全意义上的学科素养和能力的发展。语文素养和能力，又岂是一张试卷能衡量得了的？即便这张试卷的题目是科学而又全面的。

然而，事实上，现在很多学校使用的试卷，已经不符合当前语文教学改革的水平。大量的试题引导语文教学仍在做习题中徘徊，一些偏题怪题引导着师生偏离了语文核心素养的教和学。

语文素养和能力，体现在学生是否写一手好字，是否养成良好的读书习惯、善于阅读，是否能有一副好口才，是否能写好文章，是否有良好的品格等。

以上这些，不是一张试卷完全可以考出来的，更不是仅凭一篇篇课文，精讲两至三课时可以学得来的，当然也不是大量的习题和作业能做出来的。

语文素养和能力如何得来？

学生大量的阅读，读教材，读课外读物，读整本书；学生大量的诵读，读背童谣，读背诗歌，读背“四书五经”；师生大量的语文实践活动，每天学生的轮流演讲，每天师生的共随笔，每天师生的共读书。

课文，仅仅是课内得法、课外延伸的一个媒介；课堂，是师生共同提升语文素养和能力的场地；语文学习，是师生一场场修炼的道场。

直到有一天，背负着痛苦、经过长期磨炼的语文老师，悟到了真经，语文老师的“累”才可以解脱。继而，学生的“累”方可放下。

2016 年 3 月 10 日

上课用耳麦好吗

几年前，和教育家何炳章先生一起在教室里听课，那天上课的老师戴着耳麦，上完课交流点评时，何先生提出来："老师在教室里上课，是否不要用耳麦？"

近几年，老师上课用耳麦，司空见惯了。

很多初中、高中的课堂上，老师上课都用耳麦，因为学生多，教室大。还因为初中、高中教师课多，讲得也多，太累了。

外出观摩名师课堂教学展示或者大型活动的研究课时，老师也用耳麦或话筒，因为场地太大，参会人员多，必须依靠话筒扩大音量，便于教学观摩的老师们听得见。

于是，慢慢地，我们的课堂上老师用耳麦越来越多了。有的学校少数老师用，有的学校部分老师用，有的学校很多老师用，据说还有的学校耳麦是统一买来的。

近日，我在部分学校就多次遇到过这样的现象。

或多或少地，学校的老师们会在上课时戴着耳麦上课，我想其中原因可能有以下几种情况。

戴着耳麦上课，很时尚。你看主持人、名师不都是戴着耳麦的吗？黑色或白色的耳麦别在头上，很有范儿。

有的学校班额大，黑压压的一片，老师用上耳麦，能让每一个孩子都能听得清老师的话。当然，自今年起，教育部门强行控制班额，班级的学生数得到了明显的控制。

也有的学校坐落在闹市区、马路边，噪音太大，如果天热再开着窗户上课的话，老师的嗓子真的是吃不消。所以，用上耳麦。

再有就是，有的老师用嗓过度，甚至是有声带小结了，如果不用耳麦的话，对于老师的身体也是一种伤害。

或许还有其他原因。

今天，在一次教研活动中，有位学科专家提出，教师不能用耳麦。有的老师声音本来就很尖，再用上耳麦，声音非常刺耳，一节课下来，对于孩子的耳膜是一种伤害。

其实，我也一直在思考这个问题。除了老师不会科学用耳麦这一点之外，对于戴耳麦上课还有以下几点值得思考：

课堂强调师生对话，平等的对话交流，不同于电视节目，不同于大型活动。曾看见有一节课，戴着耳麦的老师走到一位学生的身边，和这位学生探讨交流，老师和学生的身体离得很近，可声音却是从四周传到这位学生的耳边。这种感觉，有点奇怪。

教室里使用耳麦，声音过大，还会影响到邻近教室里学生的学习。

因为耳麦，就不易形成宁静而深思的课堂。我们能在课堂中发现，学生们真正的静心聆听，不在于教师声音之大，反过来，有的时候声音越小，学生越会凝神静听。

日本教育家佐藤学提倡学会倾听的课堂。他提出不仅是学生要倾听教师讲课，教师更要倾听学生发言，学生之间也要互相倾听。戴耳麦上课，势必就会失去这样多维度、多层次的互相倾听。

或许就是因为耳麦，老师在课堂上就会讲得过多，没有了学生的主体和能动，没有了倾听的机会和氛围。

教学活动，是师生之间真诚的对话。

当真诚的对话发生时，那声音一定是柔和的，发自内心的，这样的声音也是非常入心的。这声音倒并不在于其高低。如果是这样，那么在教室里上课，是不是尽量不用耳麦呢？

当然，在特殊情况下，比如大型观摩课，比如环境太吵闹，比如身体不适等，教师使用耳麦也是可以理解的。

关于教师在上课时用耳麦，你是怎么看的呢？

2017 年 11 月 27 日

思考的课堂

笛卡尔说:“我思故我在。”

思考的课堂是魅力的课堂,语文课堂更应如此。

初读课文的整体感知,是思维的一种扩散和统整,学生能用自己的语言将文章的主要内容概括出来。学习一篇文章后,更应有思维统整上的再次提升,能将一篇文章的脉络画图般呈现在脑海中。如果语文课只是聚焦主要段落,或只是聚焦重点词句,那么就会钻进迷宫中而走不出来,聚焦琐碎而没有了整体。即便是理解了词句,也不能从高处整体上明晰作者为何要用这样的词句。

自读课文时,学生自主阅读是一种自主性思考。

无论是哪一篇文章,没有学生各自沉浸的阅读思考,就不会有个性化的阅读理解。第一课时的初读,或是第二课时的精读,学生的自主性阅读思考,都是必要而无可代替的。没有学生的自主思考,老师的问题设计和小组合作的讨论,都会是无源之水、无本之木。

学生回答问题时,求异思维是激发学生思考的动力。

一位成熟的老师,他会倾听孩子们不同角度的回答而不露声色。否则的话,孩子们会将独立的个性化的思考丢弃在半路上,久而久之,探索的欲望逐渐递减,创造性的思考将会萎缩。如果老师在倾听孩子发言时,只是寻求自己所要的答案,而对其他五花八门的答案不感兴趣,那么孩子们个性化的思考动力就会不足,孩子们学会了趋同。这就是典型的应试教育,追求统一的正确答案。

思考的课堂,应不时地闪现出思维碰撞的火花。

老师不急于公布答案,而是要答案形成过程的思考,或者说答案相左时的争辩。越是不同,越要寻找充分的根据和理由,而这样的思考恰是激发学生深度思考的契机。初读课文时，给课文分段往往就会形成不同的观点，而为什么要这么分段，比分成几段更为重要，这就是训练学生概括归纳时的思维过程。

思考的课堂，需要老师给孩子们空间。

精读课文时，我们会让孩子自主阅读课文段落，此时，老师往往会提出问题，让学生带着问题读课文。问题如何提？根据课文的不同而提，根据文章段落的不同而提。

如：读了这段你都知道了什么？读了这段你有什么感受？

还如：

一边读一边想，雾凇美在哪里？——《雾凇》

一边读一边想，小动物们和小露珠是怎么打招呼的？——《小露珠》

两种类型问题的提法，学生思考的空间完全不一样。第一类是宽泛性的，学生思考的空间很大；第二类是指向性的，学生思考的空间相对小些。

两类问题，各有其好，但是有的时候，我们需要给孩子更多的阅读自由。

比如阅读《石榴》一文的第二自然段时，老师就可以放开提问：轻声读课文，说说你最喜欢这段的哪句话？为什么？这样就放开学生思考的自由度，易形成学生个性化的理解和表达。

思考的课堂，还应是媒体使用有度的课堂。

语文，是建立在形象思维之上的，任何语言文字，读者需要将文字背后的画面给读出来，然后才可以在内涵和情感上深入体会。

可过度的多媒体使用，或者是教学环节中，过早地使用多媒体，都会影响孩子想象力的形成，不易形成从文字中读出画面的能力。

最后一点，也是当今课堂上普遍性的问题：没有质疑。

我们的课堂，老师们真心问过孩子们："你们还有什么问题吗？"无论是课堂开始，抑或课堂快结束，如果无视学生的问题意识，长此以往，我们的孩子们只会被动思考，不会积极主动地发现问题、解决问题，这可能将会影响到孩子们的一生。

思考的力量，不仅是在理科的课堂，语文课堂中也是无处不存在思考的力量。如果我们能够关注到这一点，那么语言是思维的外壳，才真正地得以实现。

2016 年 12 月 15 日

像正常人那样去说话

全国著名特级教师蒋军晶上完公开课后，对会场听课的老师们说：“我们上课时讲话，要像正常人那样去说话。”

听罢，心中舒坦至极。曾经一段时间里，我一直想就这个话题写一篇文章。

有时候，打电话给美容院，想去做一下护理，顺便休息一下。就在电话拨通的一刹那，你会听到电话那头洋腔怪调、忸怩作态的甜腻声，而当你报上自己的姓名时，电话那头的美容师“哦”一声后，便调整声音，回到正常的说话状态上了。我那颗纠结的心，似乎也平复了。

高速出口处，收费工作人员的笑容，是露出标准的八颗牙，然后也是捏起嗓子，扬起调子，给你打一个似乎很热情的招呼。然后，再似是很热情的欢送。

总觉得有种不舒服，就在车子驶离收费处之后，心里怪怪地想着。

一直保持这样的笑容和说话腔调的服务人员，他是多么的不舒服，这种不舒服，让他（她）怎么能由衷地笑呢？热情，到最后只能是表面上的装腔。被服务的人，又怎么可能真正地愉悦和舒心呢？

为什么不能像正常人那样去说话？

一些大型会议的主持人，也喜高调登场。热情洋溢，激情饱满，话语铿锵有力，如果是晚会或庆典，也未必不可。可有些学术会议，也这样的洋溢，似乎不合时宜，安静的会场会被主持人震撼得心潮澎湃、心旌摇荡，没有了安静的学术氛围。

男主持或是女主持，虽有着中央电视台春节联欢晚会主持人的那般风采，但在这样的场合下，也太过光鲜和张扬。主持，其实就是开个场，润个场，过个场，补个白，不必如朗诵者那样，字字铿锵。

其实,只需如正常人说话那样。

有的时候,时间很紧,主持人还在那里滔滔不绝地发挥着,会场里的人哪,心里可急着呢。

有的时候,眼睁睁地期待主角上场,主持人还在那里激情昂扬,台下的人早已经是充耳不闻了。

外出观摩公开课时,名师们都是拿着话筒,潇洒地走在台上。男老师那低沉浑厚的声音,包含着深情;女老师甜美圆润的声音,回荡在大厅,久久不去。

后来,教室里带耳麦上课的老师们也逐渐多了起来,当然,有的是因为学生太多,不得已而用之。但是,有些很安静的场所或小班额的班级里,仍然可以看到老师戴着耳麦上课,我有些不解。

有个别女老师,戴着耳麦的同时,还尖着嗓子将调子提得很高。这时候,教室里就没有了安宁的氛围,即便是沉下心来,不一会儿就会被高分贝的麦克风掀得坐不住了。

为什么不能像正常人那样自然地说话呢?扩音器发出的声音,少了对话的真诚和亲切,多了师生之间的距离。

全国著名特级教师管建刚,在大型观摩课活动中,教学《黄山奇松》一课时,恰遇一个朗读水平不好的班级。

管老师请孩子们读课题,孩子拖着长长的音喊着:“黄——山——奇——松——。”管老师指导孩子们不要拖音,像正常人说话那样再读课题,但孩子们仍然是:“黄——山——奇——松——”

无奈之下,管老师指着跟前的一位小男生说:“你是怎么喊你爸爸的?你喊一下‘爸爸’。”小男生很自然地喊了一声“爸爸”,音调下降,语调自然。管老师说:“你们就像这位小男孩喊爸爸的样子来读课题。”

“黄山奇松。”这一遍孩子们读得好多了。

管老师趁热打铁,带着孩子们又读了两遍课题。

像正常人说话那样,自然而然地读课文。

会场上,听课老师揪着的心,总算放了下来。

真诚而自然地说话,就是最入心的话。正如台湾作家刘墉所言:“把话说到心窝里。”

2016 年 10 月 16 日

作文的无法之法

作文之法，是无法之法。

所以有这样一说：孩子的作文水平不是教的。当然，文章写得好首先是要有对生活的观察和体悟，还要有长期大量的阅读积累。有时候，写作才能，是一个人的特质加上后天的努力而形成的，沈从文和莫言就是这样的例子。

可身为语文教师，还是要从作文教学这条路子上来寻找好方法，帮助学生写好作文。

什么样的作文教学方法才是好方法？

教师认真撰写作文教学教案，是好方法？

有的教师严格按照教学参考书上的指导步骤，从教学目标到教学重难点，从教学准备到教学过程，甚至板书设计，无一疏漏。这样的作文备课是不是好方法？是方法，但不是好方法。最好的方法是叶圣陶先生提出来的教师要写下水文。如果教师在教学作文课前，自己写一篇下水文，这才是作文教学最好的备课之法。

教师写下水文一篇，从文章的题目到文章的主旨，文章的选材到文章的段落，文章段落的连接到文章的开头结尾，都要思考酝酿并付诸笔端，那样指导学生写作的过程必然直指关键要素。而且教师的下水文也是学生的范文，让学生打开思路，有模可仿。

所以，每到一所学校去听作文课时，我就会跟校长、业务校长提出建议，语文教师的作文教案就是一篇下水文。也许有的教师暗暗地恨我呢，抄教案远比写下水文容易得多啊。

课堂上细致指导学生作文之法，是好方法？

观摩作文教学公开课和研究课时，看到很多教师有非常细致的作文指导，从范文入手，提炼行文方法，如先写事情的开始，如何引人入胜；再写事情的过程，做到具体生动，有细节描写；最后是抓住人物的语言、动作、心理描写等等。

教师苦口婆心地讲啊讲，学生认真地想啊想，说啊说。一节课的大半时间将过，教师才舍得让学生开始写作文。十几分钟的时间，一篇文章也就只是开个头，最多三分之一，下课铃声响了，学生的写作思路也就断了。

能否指导得简练一些呢？所有文章的写作之法，都需在阅读课中深入领悟，写作之时，做到自然迁移运用。如果写作前再来领会运用，现烧热卖，写作上似乎没有这样便宜的事。再说，学生的作文指导主要是解决写作的内容和欲望的问题，全国著名教师支玉恒多年前就提出了这样的观点。

如果能简单地指导写作之法，然后着重激发学生表达的欲望，帮助学生寻找到合适的写作内容，再把时间充分让位于学生，让学生静静地、全身心地去写。学生写作时，教师不要言语打断或频繁地在学生间走动，以免影响学生的写作。

汪曾祺在写《我的老师沈从文》一文时，写到沈从文教写作课时，是夹着本子来到教室，不说一言，让学生们开始写。有时候，沈从文也和学生们一起写，写完之后，才和学生们交流文章之法。

因此，凡是学生进行习作，教师需留足时间让学生当堂作文，而不是让学生课下完成或是带回家里完成。那样的话，课堂上的预热都会冷却，学生回到家又不知要多大力量的挣扎，才可以回到课堂上的预热状态。

用上好词好句写作文，是好方法？

小学阶段，语文教师喜欢让学生在阅读时，画一画文章中的好词好句。或是在课外阅读时，摘录抄写好词好句。于是写作时，教师也会强调让学生用上好词好句，甚至根据写作的对象，在黑板上出示一些好词好句供学生选择使用。

好词好句是好文章的一个特点，但也有的好文章就是平实的语言，简练的话语，可是意味无穷，耐人琢磨。如白居易的《赋得古原草送别》：

离离原上草，一岁一枯荣。
野火烧不尽，春风吹又生。
……

再如苏轼的《江城子》：

十年生死两茫茫，不思量。自难忘。千里孤坟，无处话凄凉。纵使相逢不相识，尘满面，鬓如霜。

……

有的文学大师，作品语言平白晓畅，但引人入胜。丰子恺的散文即是一例，他在《艺术三昧》一文的开头写道："有一次我看到吴昌硕写的一方字。觉得单看各笔画，并不好。单看各个字，各行字，也并不好。然而看这方字的全体，就觉得有一种说不出的好处。单看时觉得不好的地方，全体看时都变好，非此反不美了。"

孩子们喜欢的童话作家梅子涵老师也是如此风格。他的《绿光芒》一书以浅白真诚的语言道出了人生的一些重大事件，让人生的深邃蕴含在平实的语言中。

从行文的思路来说，如果单纯为了用上好词好句，就会对行文形成一种阻碍，文章反而会疙疙瘩瘩，文脉不畅，文气也不顺。好文章是如水一样流淌出来的。

小学生作文细致批改，是好方法？

曾见一些老教师非常敬业，周末用手提袋将学生的一大摞作文带回家批改。也见一些语文教师，一提起作文批改，那可是头都摇下露水来。辛苦啊！

可不是吗？一个班级五十人左右，一套作文细改下来，真的是头昏脑涨，不断地重复着，还要什么眉批、总批，最后再打个分数。关键是，孩子拿到作文本的一刹那，一眼瞟个分数就将本子扔到一边去了。至于教师的修改及批语，孩子很少看，即便看了什么"内容具体，语句通顺，语言生动"，也是抽象的概括性语言，似乎跟他无甚关联。

孩子感兴趣的是，他得到了多少分？他得到了多少个五角星或者小红花？

鼓励，是提高孩子作文兴趣的主要渠道。

有一位性格开朗的中年女教师，她说她作文教学的秘诀就是鼓励，鼓励，再鼓励。基本达到要求画一个五角星，写得好加一个五角星，抄写工整加一颗五角星，有进步加一颗五角星……就这么加五角星。有的时候，一个孩子能得到十个五角星，每当这个时候，孩子高兴得嘴都合不拢。下一次再写作文时，孩子们都跃跃欲试。

孩子的作文兴趣是教师鼓励出来的，正如这位中年女教师所说：五角星一笔瞬间就能画一个，比写字还快，关键是孩子喜欢，慢慢地，孩子在不断增加的五角星中，作文能力和水平真的也就提升了。

作文之法，无法也有法。

2016 年 5 月 19 日

语文训练要素的确立

——对于部编教材教学观念的思考

部编教材，不仅是教材内容的新，编排体例的新，更是教学观念的新。

部编教材中提出了单元编写的双线结构，一是宽泛的人文主题，二是语文要素。何为语文要素？即语文训练的要素。部编教材不仅强调语文要素，同时要求对语文要素的训练呈现系统性，在不同年级分别有针对性地进行训练。

目前部编教材使用到三年级，四、五、六年级仍然使用之前的版本。使用部编教材的老师们全心投入到新教材使用的思考上，暂未使用的老师们似乎有些远离。其实，部编教材更主要的是教学观念的新，即便是之前的版本，也可以在部编教材编写理念的指导下进行创新性教学。

即：阅读和表达并重，围绕语文训练要素，注意训练的层次性和策略性，系统设计语文活动。

如何确立“语文训练要素”？我且说说自己的浅显思考。

记得陈先云先生说过，语文训练要素的选择要根据教材特点，围绕教学目标而定。

如何根据教材的特点来选择语文要素的训练点，这是目前四、五、六年级的老师们比较困惑的地方，因为他们没有接触部编教材，也没有经历过相关的培训。

陈先云先生又举“复述”一例：部编语文教科书依据学生的语言能力，循序渐进地训练学生各种各样的复述。比如，二年级教科书安排借助图片讲故事，三年级安排详细复述，四年级安排简要复述，五年级安排创造性复述。

单“复述”这个语文要素，在各个年级均有不同的要求及训练的方法策略。

那么对于当前未使用部编教材的四、五、六年级老师们来说，又怎样确立语文训练要素呢？

我想就苏教版不同年级的课文，说说自己的理解和思考。

记得很多老师在教学四年级上册《雾凇》这篇课文时，运用了大量的多媒体感受雾凇之美，然后就课文第二自然段精读，说说雾凇是怎样形成的。

师生在课堂上就雾凇是怎样形成的，煞费苦心，从时间上（当年 12 月至第二年 2 月间、夜晚、清早）到温度上（水温 4 摄氏度、气温下降到零下 30 摄氏度），从地点变化（松花江上游、流经市区）到所谓的关键词（渐渐地、慢慢地、轻轻地），搞得学生晕头转向。如果从语文训练要素角度来思考，这篇课文可以从作者是怎么来描写雾凇的角度出发。文章很多词语非常精准传神，读进去之后，如入雾凇之境。可以让学生在读懂之后，感受作者是如何来描写雾凇及雾凇形成过程的，学习运用本文的词句。

如课文的第二自然段在描写雾凇形成过程时，“渐渐地，灯光、树影模糊了。这蒸腾的雾气，慢慢地，轻轻地，一层又一层地给松针、柳枝镀上了白银”。作者运用“渐渐地、慢慢地、轻轻地”这些词语，把雾凇形成的缓慢过程描绘得淋漓尽致。

再如课文最后一段，“清早，寒风吹拂，雾气缭绕。人们漫步在送花江边，观赏着这千姿百态的琼枝玉树，便会情不自禁地赞叹：这真是‘忽如一夜春风来，千树万树梨花开’呀！”

作者用了这样的词句来描绘雾凇及雾凇中人，并引用了诗句。

这正是本课语文要素的训练点，学生们经常处于自然美景之中，如何仿照此段的语言表达方式来训练学生的口头和书面表达能力，本课正是绝佳范例。

再看五年级下册《音乐之都维也纳》。

这篇课文语文要素的训练点在哪里呢？正如陈先云先生所说，根据教学目标及教材特点来寻找语文要素的训练点。

这篇课文较长，但脉络清晰，围绕课题“音乐之都维也纳”，从“维也纳是欧洲古典音乐的摇篮；维也纳是一座用音乐装饰起来的城市；维也纳几乎一天也离不开音乐；维也纳，歌剧院、音乐厅星罗棋布，其中最著名的有国家歌剧院和金色大厅”四个方面逐一介绍。其中每个部分段落结构上也是特点突出，都是围绕每一部分的总起句，然后具体描写。同时在全文四个方面的描写中，有详有略，其中最后一个部分是重点，详细描述。

对于五年级的学生来说，如何从文章的整体入手，如何把握作者围绕课题从几个方面来具体叙述，以及如何在段落中围绕总起句、从不同方面来叙述描写是本年级语文教学的重要教学目标之一，也是达成语文素养和能力的重要训练之处。

因此，本课的语文要素训练点就落在篇章结构的把握上。先让学生自读思考并讨论：作者围绕音乐之都维也纳，是从哪几方面来叙述的？其次聚焦课文第四自然段，自读思考并讨论：作者是怎么来写“维也纳几乎一天也离不开音乐”的？

维也纳几乎一天也离不开音乐。人们在漫步时，随时可以听到那优雅轻快的华尔兹圆舞曲。夏天的夜晚，公园里还举行露天音乐演奏会，悠扬的乐声掺和着花草的芬芳，在晚风中飘溢、回荡。维也纳的许多家庭有着室内演奏的传统，尤其在合家欢乐的时候，总要演奏一番，优美的旋律传遍街头巷尾。更有趣的是，在举行集会、庆典甚至政府会议时，会前会后也要各奏一曲古典音乐，这几乎成了惯例。

学生从“维也纳几乎一天也离不开音乐”这句中，感受到了作者是从人们漫步时，夏天公园演奏会，家庭室内演奏会，集会、庆典、政府会议时，四个方面来具体叙述“维也纳几乎一天也离不开音乐”的。

当学生们在读文中理解，读文中思考文章结构、段落结构，并能在语言文字中感受到作者如何用段落来架构全篇，如何用语句来架构段落，便清楚了本文是怎样围绕课题从哪几个方面叙述描写的，也清楚了怎样围绕中心句来从几个方面具体叙述描写。总之，这也就是本文的语文要素训练点：围绕一个方面，从不同角度来描写。

学生的认知达到了，接下来在本课的最后，设计一个迁移训练，让学生学习本课的方法来拟写一篇文章的提纲。

文章的语言、文章的结构是语文训练要素的确立点，因文本的不同，还可能会有更多的语文要素训练点。如季羡林先生所写的《夹竹桃》，这是六年级上册的一篇课文，作者描写了平常朴实的夹竹桃具有无限的生命力，采用了对比衬托的手法，还运用了联想和幻想的手法，让我们感受到了季老先生的人生经历和内心境界。

文中第二自然段："我们家的大门内也有两盆夹竹桃，一盆红色的，一盆白色的。红色的花朵让我想到火，白色的花朵让我想到雪。火与雪是不相容的，但是这两盆花却融洽地开在一起，宛如火上有雪，或雪上有火。我的心里觉得这景象十分奇妙，十分有趣。"

这里的联想是多么的形象美妙，一读便让人入境。这是语言表达的妙处，让学生感受这景象的奇妙、有趣，更要感受作者运用联想手法的表达之妙。

本文的语文要素训练点即在此。

再看课文的第五自然段："但是夹竹桃的妙处还不止于此……它把影子投到墙上，叶影参差，花影迷离，可以引起我许多幻想。我幻想它是地图，它居然就是地图了……我幻想它是水中的荇藻，我眼前就真的展现出一个小池塘……我幻想它是一幅墨竹，我就真看到一幅画……"

作者的幻想，正表现了夹竹桃带给他诸多的美妙体验，融入自然之美，融入诗情画意，融入作者往年的诸多美好回忆。这种写法让此篇文章别具一格，突破了传统写花草文章的藩篱，让人耳目一新。而这种写法正是此文语文要素训练点的重心所在。

让学生在读中享受，思考中感受，并在情景创设中迁移运用，可设置如下之境：

我特别喜欢月光下的凤尾竹……

我特别喜欢夕阳下的狗尾巴草……

我特别喜欢雪地上的动物脚印……

文章的语言表达、文章的结构方式、文章的写作手法等都是语文阅读教学中的语文训练要素。当然，根据不同的年级、不同的文章，还会有其他的语文训练要素，每一个语文训练要素，也都有其教学策略，以及在不同年级中，逐步提升的系列训练方法。

当我们能充分地领略部编教材的教学理念后，便能对部编教材编写的体例及科学性、人文性、艺术性等心领神会，从而得心应手地使用部编新教材。

2018 年 9 月 15 日

也说“教学策略”

一般的课堂看设计,成功的课堂看策略,何为教学策略?

有说是教学设计的整体架构,有说是教学设计的精巧,有说是多媒体的恰当运用。

最好的教学策略,是在师生之间发生的,是在课堂中不可预见的,但是,一定是为着孩子的学习,为着孩子的成长。

有时候,策略是教师忘我的参与;有时候,策略是有所放弃,有所选择;有时候,策略是教师的一种等待;有时候,策略是从孩子的内心出发。

在2015年庐阳区青年教师课堂教学评比活动中,王兰枝和陈金明老师教学的都是《林冲棒打洪教头》,当理解了林冲和洪教头各自的性格特点后,教师指导孩子读好文章中的语言,内化后继而外显。

陈金明老师反复地和孩子对读,和孩子们换着角色对读,不一会儿,孩子们便能入情入境地读好文章。

王兰枝老师带领孩子们表演林冲和洪教头的三招打斗时,孩子们容易笑场。如何在表演中感受人物性格,同时领略作者在描写中用词的准确,如“一扫”“拨草寻蛇”等,兰枝老师虽为女老师,但她忘我地和孩子们表演那“一招一式”,孩子们很快便融入其中,真心读懂,真情表演,感受人物,感悟语言。

教师这样忘我地参与学生的学习活动,就是最好的教学策略。

《詹天佑》一文是小学语文教材中的经典篇目,文章很长,内容和写法上有着诸多的学习要点。单詹天佑修筑铁路时遇到的困难及采取的办法,就足以体现詹天佑的伟大和杰出。如何在一节课里,让学生充分地自主学习,又能将长文很快地读明,这是需要教学策略的。

逍遥津小学的盛小攀老师就很好地解决了这个问题，他让学生充分地自主阅读文章，大概用时6分钟，然后请小组之间合作交流：詹天佑采用了哪些方法来开凿隧道？学生在自读和小组讨论时，大致搞清楚了“两端同时向中部凿进法”和“中部凿井法”，而对于“人字形线路”的方法，似乎在懂和未懂之间。

这个时候，教师的引导便是教学策略的所在。盛小攀老师请小组代表介绍，学生介绍到“两端同时向中部凿进法”和“中部凿井法”时，小攀老师适时将两张示意图片出示，而当学生介绍到“人字形线路”时，讲不清了。很显然，孩子的空间形象力，以及孩子们的方位感都还欠缺，妨碍了孩子们对于“人字形线路”设计的理解，这样难以明白詹天佑的智慧所在。这时，小攀老师重点阐述并出示了课前准备的相关资料，视频演示了“人字形线路”及设计的绝妙之处，那一刻，我在课堂后面听到了孩子们小声的感叹：“噢，原来是这样的！”

好的教学策略，一定是有所放弃，有所选择。放弃的是孩子们自能读懂的地方，选择的是孩子们学习时难以明白的地方，这样的策略才是最好的策略。

近日，庐阳区的两个教学专场展示，轰动了全区及邻近的县区老师们。女教师专场有安徽省小语界领军人物周玲老师，男教师专场有安徽省小语界领军人物吴福雷老师。

一时间，老师们很兴奋。那么这两位名师的教学策略又在哪里呢？

周玲老师那天上的是一节开放式阅读课，请孩子们用自己喜欢的方式来阅读，用自己喜欢的方式来交流，自如地选择交流伙伴，自如地选取交流时的内容。孩子们从来没有遇见过这样的课堂，一时间迷茫懵懂，又是公开课，不敢随便接周老师抛过来的招数，课堂一片沉寂。周老师等待，再等待。终于一个孩子突破了，又一个孩子突破了，继而，一群孩子们突破了。以至于下课的时候，全班同学群情激昂，都想和老师模拟表演，交流阅读所得。

我们知道，课堂中最好的教学策略是等待，再等待。孩子们的学习不是表演，而是和知识发生碰撞，形成自己的思考，这是一个过程。这个过程虽然静默，虽然沉寂，甚至让听课的老师都难以安静，但这个静寂的过程是最美丽的。此时，每个小脑袋里，都在积极地思考着，语言以思维的形式在脑海里激荡着。此时，最好的教学策略就是教师的等待，再等待。

男教师专场，以“江南才子”吴福雷老师的《世界上最响的声音》一课压轴。吴老师从一上课开始，就让孩子们“猜”，猜猜老师，继而让孩子们猜猜文字，猜猜篆体的汉字是我们现在的什么字，再让孩子们猜猜文章的情节……

孩子们在“猜”的过程中，兴味盎然，整节课就如山间小溪般潺潺而下，继而如小河奔流，最后如汪洋恣肆般的大海。

孩子们正是在吴老师的“猜”中，有了兴趣，有了自信，思维得以多角度地拓展，而没有了语文课上什么才是正确答案的限制。从而，引发了孩子们思绪的飞扬，他们的创造力得以展现，很多创意都在孩子们的思考中呈现。

“猜”，是吴老师的教学策略，这是吴老师读懂孩子，为着孩子，以教师的大爱和孩子们玩语文。“猜”，是吴老师的教学智慧，这是吴老师站在孩子的角度，来组织引领孩子们如游戏般进入学习状态，而又在孩子们不自知的情形下，深入思考，发挥想象，组织语言，表达训练。这又是怎一个“猜”字了得！

好的教学策略，不仅仅是教学层面的技能，而是师生共同学习时散发出的人性光芒，那就是对于孩子的尊重，把孩子看作孩子，把课堂看作孩子们学习、生活、游戏的地方。

2016 年 1 月 16 日

语文之争

语文的工具性和人文性，孰重孰轻？这一直是语文界永恒的话题。如今关于语文的本体性概念，出自上海师范大学吴忠豪先生，旨在提醒广大语文教师关注语文本身，避免语文教学中出现过多的思想品德教育，过多的科学常识教学，过多的综合艺术教育，包括现代多媒体的多度充斥。

回顾六七十年代，我读小学的时候，语文课上老师基本上是让我们读读课文，抄抄词语，教师再讲讲。每天早读课上，只见全班同学齐声读课文，不是朗读，而是唱读，读得熟的孩子，能闭着眼睛和着全班的节拍读背课文。语文老师哪天如果不想上课了，也是让同学们打开课本，从第一课开始一直唱读到所学的课文为止。那时候，我们以为读书就是那么读——唱读。

现在对比着想想那时的课堂，私塾教育的影子似乎还在。私塾教学，不就是反复读么？直至熟能背诵时，老先生才开讲，接下来是学童练字。

等到八十年代末，我也成为一名语文老师时，语文的课堂就是读读课文，解释词语，甚至是背诵词语解释，抄写生字词并组词，一抄都是一行。然后是分段、概括段落大意和中心思想。学生大多是抄记老师课堂上的正确答案，再背掉段落大意和中心思想，很机械。最后，就是将课文读熟或背掉。

改革开放后，教育界的课堂改革也开始了。教育界如沐春风，如遇喜雨，课堂活脱脱地绽放开来了。

语文课堂上重在教师个人对于文本的深度挖掘，重在设计出环环相扣的课堂结构，重在学生课堂交流的热情高昂，重在师生对话的精彩生成，重在内容理解后的深度感悟和感情朗读，直把观课的人深深地打动、感动，形成一种艺术感染的力量。

一度，全国上下，语文老师们群情激昂，欲罢不能。名师观摩课、公开课成为语文界的一大盛会，语文课还可以上得这么美，激动啊。我也激动地奔跑在江浙沪；我也激动地举办过三届全国名师课堂教学观摩会（时任长江路第二小学副校长）；我也激动地握着名师的手，觉得他（她）就是我们眼中的“圣人”，甚至请名师签名留念，和名师合影。

几年之后，我们发现年轻老师们不会上课了，上不了名师们精彩的课堂，也上不了传统的读读写写课堂。前者的高度一时达不上，后者的愚笨方式又不屑。但是老师们很可敬，仍然在孜孜不倦地追求精彩课堂，以至于一段时期的语文课堂，变成了理解内容、感悟文本内涵和情感的课堂，单一的课堂模式必然造成学生语文素养和语文能力形成的匮乏。

老师们发现孩子们不会写作文，不擅长演讲，字也写得不咋样。语文怎么了？语文是人文性和工具性的结合；语文是学生的听说读写；语文是学生写一手好字，有一定的口头表达和书面表达能力，爱读书并具有良好的阅读能力，具有一定的人文情怀。

自此，大家似乎恍然大悟，原来语文被我们窄化了，语文素养和能力不仅仅是从理解文章内容、感悟文章内涵情感上得来，语文还有对于文章的整体感知、欣赏结构和语言上的方法和特色，语文还有实践的运用和惠及一生的阅读，语文最高的境界是批判性阅读，等等。这也就回到了我本文开头所说，吴忠豪先生提出的“语文本体性”。

由此可见，吴忠豪先生关于“语文本体性”的提出并不是撇开语文的人文性而言，而是针对课改十年间，我们过于感悟文本的内涵和情感而言的。

正如安徽省教科院小语研究员吴福雷先生指出：语文的本体性教学中，包括了语文的人文性所在。的确，语文的人文性感受中，有着语文的本体性所在；语文的本体性教学中，语文的人文性更是蕴涵其中。

有人说，有作为的人不争论，其实真理还是越辩越明的。说了这些，无非想明确一个概念：语文的本体性教学是有前提的，那就是针对语文课堂教学过于偏重内容理解、内涵情感感悟而言的。

2016 年 1 月 1 日

菊老师“办案”

小李老师刚刚上任四(1)班的班主任,今天遇到了棘手的事情,小组长收钱时少了55元。小李老师使出了所有的招数,“哄、吓、诈、骗”,甚至是孩子们互相搜书包,都没有找出这55元钱。办公室的同事支招给小李老师,快去找智慧的菊老师。

菊老师,一位中年女老师,从容淡定,遇事特有智慧。她的嘴角总是微微上扬,笑起来更是灿烂如菊。老师们都很佩服她的处事能力,于是让小李老师请菊老师去“办案”。

菊老师,这个班的孩子们也都认识并很喜欢她。在一年级的时候,菊老师曾带过他们两个月的课,深得孩子们的喜爱。

菊老师听了小李老师的介绍,一时也没有想到什么好点子,她一边往教室里走,一边琢磨着怎么打开话匣子。至少有一点,不能当孩子们的面说,谁偷了钱?还有这个事情一定要在今晚放学前有个结果。

菊老师来到教室的讲台前,一脸灿烂的笑容,孩子们高兴地喊着:“菊老师好!”

菊老师不紧不慢地说:“孩子们好!听说你们的×××小组长丢了55元钱,钱到哪儿去了呢?”她略作沉思状,孩子们齐刷刷地将目光聚焦到菊老师那和蔼可亲的笑脸上。是啊,钱到哪儿去了呢?

“钱难道长腿跑了吗?”菊老师自言自语。

听罢,孩子们的小脸上有了一丝的轻松,他们嘻嘻地笑着,互相望了望。

“现在,我们一起来寻找,谁能找到,谁就是我们班的大英雄!”菊老师一脸的期待，同时将目光在孩子们的脸上扫过，希望能发现什么。但是，即便是智慧的菊老师，一时也很难在孩子的脸上读出什么破绽来。

于是，菊老师又说：

“孩子们，让我们闭上眼睛，展开想象，钱到底会跑到哪儿去了呢？”

此时，孩子们都闭上了双眼，菊老师将教室后面的四盏日光灯关上了，仅留下讲台前的两盏日光灯。

孩子们都努力地想象着，猜想着钱跑到哪儿去了，甚至都没有发现教室的灯光变暗了，但是孩子们此时都静静地，他们真的都进入了内心世界。

很快，有一位调皮的小男生举起了手。菊老师高兴地说：“你如果能找到，那你就是我们班的大英雄了。”

这位调皮的小男孩真奔教室后方的垃圾桶，翻来又翻去，然后举起一张 20 元的纸币，未等孩子们做出反应，菊老师微笑着说：

“你就是我们班的大英雄！你真厉害！等会到老师的办公室里，我有奖品给你。”

此时，孩子们都跃跃欲试，又有一个小女孩跑到垃圾桶边翻啊翻，果然又翻出 20 元纸币。班级里一阵欣喜如浪涌过，一旁的小李老师此时也长舒了一口气。菊老师上扬的嘴角挂着满满的笑意，她不紧不慢地对小女孩说：“你是我们班的第二个大英雄！老师也有奖品给你。”

此时，丢失的 55 元钱，已经找到了 40 元，还有 15 元钱会在哪儿呢？菊老师在心里盘算着。

她趁热打铁，继续鼓动着：“这 15 元钱会到哪里去了呢？大家再想想。”那位调皮的男生目光有点游离，菊老师看着他说：“就你最厉害，你再找找！”

这位调皮的小男孩毫不犹豫地蹲下身子，用手指去掏自己座椅脚上的孔，掏不出来，他索性趴在地上，伸出几个指头继续抠。菊老师顺势走上前，把椅子拿起来朝下一倒，倒出来的是 10 元钱纸币。

“你太厉害了！我们的大英雄真厉害！”

此时有位孩子大声喊道：“钱肯定是他偷的！”没等大家反应过来，菊老师果断地说：“不可能，我们班不会有小偷！”

“孩子们，接下来，我们来个‘寻宝游戏’。还有 5 元钱是 5 个硬币，它们会跑到哪去了呢？会不会有人藏宝藏到你的书包里了，文具袋里？书里？书包的某个角落？或跑到你们的衣服口袋里？甚至还跑到了……”

菊老师一说做“寻宝游戏”，每个孩子都兴致勃勃，于是，大家又动手找了起来。

“案子”已到最后关头了，菊老师笑眯眯地看着孩子们，他们一个个认真地寻找着，接着分别又有四位同学从教室的角落里各找出一枚一元硬币，菊老师朝他们竖起了大拇指，表扬他们是“寻宝大王”。

至此，55 元钱找回了 54 元，菊老师很满意了，还有一元让大家放学后再找。

菊老师带着 6 位孩子去办公室领奖品了，班里的孩子们流露出艳羡的眼神，目送着他们离去的背影。

两位大英雄和四位寻宝大王拿到了菊老师的奖品，那是一个小小的日记本。菊老师拿起日记本对这位调皮的男孩子说：

“老师希望你将这个笔记本收好，暂且不用，作为纪念好吗？是菊老师奖励你的。”

调皮的男孩使劲地点了点头。

菊老师这时长舒了一口气，窗外的灯光都亮了，天色已晚，孩子们纷纷散去，但菊老师觉得事情还没有完全结束。

第二天早晨，菊老师又来到了四(1)班，孩子们一阵欢呼，小李老师也早已来到教室里。菊老师的嘴角依旧是弯弯地翘起，依旧是一脸的笑意，她说：

“昨天晚上，我做了个梦，梦见了孙悟空，你们想知道他跟我说了什么吗?”

孩子们齐声说：“想!”

“孙悟空对我说，有个孩子长得什么什么样，他是怎么怎么把钱放进垃圾桶的，又是怎么把钱塞到板凳腿里的。但是我和孙悟空说了，这个孩子以后再也不会拿别人的钱了。你们相信吗?”

“相信……”

长长的、响亮的声音飞出了窗外……

此时，那个调皮的小男孩也和大家一起大声说着，一旁的小李老师和菊老师来了个会心的微笑。

2018 年 9 月 26 日

教研员是什么“东西”

据说,也就只有中国教育界才会有教研员这一角色。国外的基础教育没有教研员,一度国外的教育人员,很羡慕中国基础教育队伍中有教研员,和教师一起研究教学和课堂,提高教学效率。

随着教育改革的不断发展,有的地方教研员被并轨到教育学院去了。上海区域的教研室和教师进修学校正一并纳入教育发展研究院,或是教育学院。研究院里有一百多人,相比我们的教研室,可谓大得惊人。学历上也是本科生、研究生、博士生都有,具备了研究的条件。

合肥地区各个县区基本上保持着老格局,教研室是县区教育局下的一个科室。有的县区把教研室作为一个二级机构,是独立的法人单位。更多的县区,教研室只是教育局下的一个科室,不单从事教学研究工作,同时也服从局里的其他大小工作安排,教研员不完全是一个专门从事教学研究指导的角色。

教研员就是这样的一个“东西”。有的时候被拿来尊重一下,有的时候被拿去干别的事情,有的时候只是一个科员角色,学术研究放在其次。

可是教研员要真正发挥作用的时候,还真的需要有一番能耐。

需要有一定的管理能力。区域活动,小的几十人,大的几百人。如果没有一定的组织管理能力,活动的开展就没有预期的效果。区域里教师好几百名,各具情态,教研员如果不能很好地分层管理指导,组织学习研究活动,那么教师的成长就会滞后很多。

需要有一定的学术能力。教研员不是官,教研员也不是教授,教研员其实就是老师。老师在老师中间讲话,那是需要思想的魅力,专业水平的权威,传导方式的和风细雨。否则,学校的老师并不买你教研员的账。当一个人不能触动另一个人心灵的时候，你对他的影响力几乎为零。

需要有一定的仁爱之心。教研员也是多年的媳妇熬成婆，当你熬成婆的时候，别忘了那些年轻老师有的还是媳妇，甚至还未当成媳妇呢。所以面对一大批青年教师时，教研员要有仁爱之心，好的老师给他更高的目标和建议，成长中的年轻教师给他一些鼓励和建设性的意见。这个时候，教研员就是老师的老师。

教研员就是这样的一个“东西”。具备当校长的管理能力，但你不是校长；具备当教授的专业水平，但你不是教授。教研员只是一名普通的老师，老师们的老师，或者说是同事。

教研员的目标到底是什么？

校长说，请教研员来学校当教学评比的评委，这样评比结果公平、公正。业务校长说，请教研员来我们学校指导教师课堂教学，或是给我们做一个专题报告。老师们说，请教研员来我们学校指导一下如何复习迎接考试。

个别领导说，要加强教研员队伍建设，教研员要培养名师；我不要你教研员整天去写论文、发表论文，去外出做专题报告。

教研员，于是有点恍惚。

教研员自己说，教研员是服务于学校的，能真正地指导学校的教学研究活动；能对老师的教学提出切实可行的建议；能帮助一大批老师不断地成长，拥有专业成长的动力和方式。唯有这些，才能真正地让成千上万的学生们拥有最好的课堂，拥有最好的老师。

教研员就是这样的一个“东西”，不是单一地为区域内培养名师，也不是仅为学校培养几位名师，指导几个大活动。教研员，是为着区域内所有老师的专业成长，是为提高每一位老师的教学水平，同时也是和老师们一起成长。

教研员，最终是为了孩子，全天下的孩子！

如此说来，教研员还不是随便就可以当好的。

教研员需要潜心读书思考。没有大量的阅读，无以涵养成学养丰厚之人；没有大量深入的思考，也无法洞察专业领域的根本。

教研员需要深入实践。只要学校开学，教研员就要像蜜蜂一样忙碌。每一天都是在课堂上，每一天都是听课、评课。唯有如此，才可以在实践中得知提升课堂教学方法的关键。唯有如此，也才可以真正地帮助每一位教师的成长。

教研员需要总结提升。教研员能耐得住寂寞，一坐就是一天；教研员能守得住吵闹，成天待在孩子们中间。但教研员不能只问耕耘，不问收获。教研员需要不断地总结，要专题总结，要系统总结，还要跨领域思考总结。

如何总结？写文章。

写文章必然会对某个专题、某个领域作深入系统的思考，甚至还要查阅大量资料，然后才可以付诸笔端。如果能发表在某个专业期刊或者是获得国家级、省级论文大奖，那么教研员对于自己的专业就会更加自信了，专业的权威也将逐渐树立。更重要的是，教研员真正地领会把握了本学科的前沿和本质。

谁说教研员不要写论文？

总结的另外一个途径，就是作报告。

教研员作报告，非同于一般的报告，不能让别人代笔，当然教研员也没有秘书。教研员作报告是将自己的理解整理成系统的认知，然后配合图片、视频，以及一个个生动的案例，来和一线教师们分享教育教学智慧。

这样的报告，不可以读稿子，不可以讲官话套话，而是将自己的深刻理解引人入胜地表达出来。教研员的报告，应该是讲述或讲演。

报告做不来的教研员，应该不是老师的好老师。因为教研员要想发挥更大的作用，必须要在一定的群体范围内作报告，和老师分享自己在专业领域里的收获。

谁说教研员不要作报告？

教研员，就是这样的一个“东西”。

2016 年 6 月 30 日

今日教育之“怪相”

一怪“无生”之相

教育倡导“以生为本”“以学生为主体”“一切为了孩子”等观念，但在具体的教育工作过程中，“无生”之相却太多。

有一次看到一个关于教育发展规划的文稿，长达五千多字，但文稿中关于学生或孩子的词语，找遍了全文，大概只有两三个。教育发展这发展那，教育规划这规划那，但核心没有学生，教育又是为了什么呢？

每月一次的教育工作大会。通常从 8 点开到 12 点，或是从下午 2 点半开始，开到晚上 6—7 点。大会上的议题很多，每个领导都要逐一讲话，可谈到“学生”这个核心词也不多，或者说谈到关于学生的全面发展、终身发展的话题极少。

教育的核心是人，教育人在自我发展的同时，要服务于孩子的成长发展。如果教育人眼中仅有教育的其他诸多事情，没有对教育的核心——学生这方面的思考，那么教育还是真正的教育吗？

二怪“只要第一名”

教育行为很多是以活动的形式而呈现的，评比、竞赛、考试等评价教育的行为方式一直贯穿于我们的教育过程中。第一名无疑是最好的结果，可第一名只有一个。

为了第一名，各级领导不惜任何代价来获取，开学工作的第一次会议就开始为了某个第一名来奋斗，一直到学期结束时，真正地拿到了第一名为止。整个学期过程中，每一次会议都会为了这个第一名的如何获得而费上一番苦心，费上一番口舌。

为了第一名，校长和老师全力以赴，牺牲自我节假日，甚至放弃其他一些看似不重要的教育事情，竭尽全力来获取第一名。名校要保持第一名，否则会丢了面子；中小规模的学校要争取第一名，借此提升学校知名度。于是乎，教育人拼了命要争取第一名。

为了第一名，学生更是受尽了折磨。单不说学生们是如何的辛苦了，苦也是成长的一个历练。就在第一名水落石出的时候，多少学生心碎一边。真的是一家欢喜千家愁啊，状元出来了，还有好多离状元很近的人捶胸顿足，就差那么一点儿，状元本该是我的啊。而更多的孩子是默默地无声息存在，状元明星升起时，他们却是黯然无光芒。

状元真的那么重要吗？历史上科举状元有一大串名字，但未必有他们同时代的其他人对人类贡献大。曾经也有人统计过高考以来全国各省的状元，他们中的部分后期并没有多么好的发展。

为何社会热衷于对状元的追求？是孩子家长的追求，是校长教师的追求，是教育行政官员的追求，还是新闻媒体的追求？

三怪“极力宣传”相

有一个学校，老师举报校长工作不力。他举报这位校长用于学校宣传的费用多达三十万元，继而造成学校的其他开支紧缩，影响了学校的内涵发展。

宣传费用，成了教育经费开支上一笔不小的费用。报刊上一个版面的费用高达 10 万元，而是否能登上某些大报刊，成了领导眼中的工作亮点。

学期结束时，领导在做工作总结报告，几乎就在总结所有学校的宣传报道工作，可见宣传工作有多么重要。

“楚王好细腰，宫中多饿死。”

上海生均经费达 3000 元，合肥生均经费是 600 元。上海的校长曾笑着对合肥前往挂职的老师说，你们不要学，学了回去也办不到。上海校长是说我们什么办不到呢？

是费用问题？还是其他问题？

如果你是一个埋头苦干的校长，那可就郁闷了。干得再多，不如宣传得多。

宣传就那么重要吗？不都是说，教育是良心事业，需要的是安静；一心耕耘，静待花开吗？

四怪“没有学术味”

上海的一位朋友曾经跟我说：“合肥的校长们去上海学习，和上海的校长们

餐桌相聚时，大多很沉闷，不言一语。而当我们回到合肥和校长们相聚时，他们是兴高采烈，滔滔不绝。”

这，也许很正常。上海那么高大上，合肥算是乡巴佬，哪有那么多共同语言？

这，也许很正常。上海的校长谈教育的文化，谈课程开发，谈课堂的改革。合肥的校长忙着完成上级领导布置的各项任务，哪有闲情跟你们上海人谈什么文化？

这，也许很正常。上海一个区级的教育学院，人数就有 100 多人，博士生、研究生比比皆是，平时和学校校长老师共同研究教育，探讨教育。合肥有的区，教研人员只有四五个，淹没在茫茫人海中，找到自己都很难，从何而谈用研究来影响校长、教师队伍？

朋友还说，江浙老师们不仅仅在课堂教学评比上作努力，他们纷纷都在写文章出书，校长也是如此。据我所知，王崧舟、薛发根等名校长都是著作等身。他们一方面在课堂上追求教学的改革和突破，另一方面在积极探索学科建设和教学方法体系的建立。

反观我们，也有很多名师诞生，可名师大多昙花一现。有的是评比中一课打红，有的是市区级的学科带头人，有的是名师工作室主持人。可是如果没有在学科方面建立一个思想体系，他们便不能长久地站立在某个高峰引领别人，更不能在时代的浪潮中坚守住教育理想。

如果，教育倡导的是学术味——

那么，女教师见面，就不会再单一地夸奖裙子漂亮，而是说你又读了什么书。

那么，男教师见面，就不再只是递上一根烟，吞云吐雾，而是交流彼此对于教学的思考。

那么，校长聚会，就不再只会吐槽办学中的困难，而是欣喜地告诉大家，他又成功地解决了某个棘手的问题，哪位教师专业上又有了什么突破，写了什么文章，读了什么书。

都说民国期间出了很多的大家，都说民国期间的大学是教授治国，其实都是对崇尚学术的推崇。就连民国期间的小学课本，现在也被翻出重印。

为什么？

学术的力量，才是教育本质上发展的力量。

2016 年 7 月 2 日

我的启蒙老师

那时，我的启蒙老师，三十刚出头，走起路来脚下生风，一副大嗓门，未见其人，便闻其声。

70年代初期，我上小学了，那时仍属于“文化大革命”期间。学校叫车左小学，我至今仍不知道校名“车左”有何典故。车左小学离我家两三里，朝南穿过一个冲。在一个高高的坡地上面，有两排草房子，中间是个大院落，连接两排草房子的是碎石头砌成的小路。下雨天的时候，孩子们需要踮起脚尖在碎石头上跳着走，或是光着脚丫子在路边的泥巴地里跑。

学校共有七位老师，有三位公办教师，四位民办教师，也包括校长、主任在内。我老师那时是教导主任，他写得一手好字，只记得学校的宣传标语都是我老师所写，字写得有棱有角，刚劲有力。学校墙壁上的唯一一块黑板报，也是我老师所出，有图画，有文章，粉笔字写得像是刻出来的一样，那么工整有力。

是的，用钢板刻字，然后油印出考试卷，是那个时候学校教务工作常做的事情。我老师经常是埋头刻着，发出嗞嗞的声音，我们远远地不吭声地看着。有时好奇，悄悄近前，不小心碰到我老师的桌子，一晃动，我老师的字写歪了。我老师脾气暴躁，就会一声吼叫，吓得我们四散逃窜，躲得远远的。

我老师从一年级一直将我们带到五年级毕业（那时的农村小学为五年制），每天他都会早早地走向学校，村子里的孩子们会陆续跟在他的身后。如果是下雪天的话，孩子们会跟着我老师的那双大脚印，亦步亦趋地上学去，一个大人，后面一个个孩子。

我老师很喜欢和小孩子们开玩笑，还喜欢给他们起外号。

我们班上有一位男同学吴余章，因为头很大，我老师看见吴余章就会喊他

“大头余章”，大头余章，闷声不吭。还有一位男同学吴章福，因为在读课文的时候，总是将“老炊事员复员了”读成“老炊事员夏员了”，自此以后我老师一看见吴章福就会笑着说“老炊事员夏员了”，吴章福每次脸都憋得通红，我很同情吴章福。

即便这样，班上的男同学们仍然非常喜欢我老师，一下课就像小鸡跟着老鸡一样，跟着我老师呼啦到东，呼啦到西。

早读课时，我老师手持光溜溜的小树枝，像个音乐指挥家一样，带领孩子们读书，用小树枝打着节奏。从第一篇课文开始一直读到最后一篇课文为止，小树枝会随着我老师的手指一起跳舞，孩子们朗朗的读书声也会随着我老师手中的小树枝或高或低，或戛然而止。

我老师真的很能干。什么课都会带，语文、数学、音体美，他全包了。语文课上他激情昂扬，用词用语极其精美，意义深刻，常常是语不惊人不罢休。

春有百花秋有月，夏有凉风冬有雪。

少壮不努力，老大徒伤悲。

书中自有黄金屋，书中自有颜如玉，书中自有千钟粟。

一寸光阴一寸金，寸金难买寸光阴。

……

这些名言警句我老师平常脱口而出，但一一印在我们的脑海中，直至今日仍是回荡耳边。

数学课上，我老师讲得眉飞色舞。哪个孩子思想开小差，我老师的眼睛会射出利剑一样的光芒。我当时个子小，坐在第一排，每次都是小心翼翼的。

音乐课上，我老师清唱，一个班的孩子们都跟他唱着那个年代的红色歌曲：“我是一颗革命的螺丝钉，哪里需要哪里去……”有的时候，我老师也会带我们唱上一曲地方戏庐剧。据我所知，我老师还会拉二胡，《二泉映月》如泣如诉，《高山流水》荡气回肠。特别是他喝过酒后，一定是要激情演奏一番。

美术课，也是我老师拿手的，粉笔头在他手中如魔术师手中的道具一样，几笔下去，活灵活现的虾子游在水中，一匹匹骏马奔驰在茫茫的大草原上，虽然那个时候我们并不知道什么是大草原。我老师还会画人物画，记得老校长父亲的遗像就是他用木炭笔画出来的，真的是非常像。

体育课，我老师就不用教啦。孩子们如小燕子般飞向学校外的大操场，其实就是野外田地里。孩子们随意奔跑、打闹，或是往草地上一躺。偶尔，我老师也会带领男孩子们玩一会儿皮球。

每年秋季开学，是我们最期盼的时候。

孩子们来自不同的村庄，村庄被广袤的田野相隔，大家假期里没有什么来往。一开学时，发现彼此都长高了。我们会跟着我老师用泥巴砌土桌子、土凳子，我老师让我们将稻草掺进泥巴里，再用小手小脚拌匀，然后用稻草泥巴垒成桌子、椅子，晾干后让新来的同学坐。每一次，我们都是满头满脸的泥巴，但个个都是满面笑容，不亦乐乎。

每年的冬季，是我们最为艰苦的时候。

寒风凛冽，教室里四面透风，我老师就会找来报纸将窗户封起来，阻挡窗外呼呼的北风。运气好的时候，我老师还会找来一些塑料皮，将漏风的窗户严严实实地钉起来，这时，我们冻得通红的小手才又拿出来，颤颤巍巍地开始写字了。有的孩子，冻得两条“长龙”拖在鼻子下面，我老师开玩笑地说：“两条龙就要腾飞啦！”拖着“长龙”的孩子急忙用右胳膊一擦，紧接着鼻子用力一吸，红红的小手继续写字。

我老师，我的启蒙老师，他叫杨道林。他，是我的父亲。那时他三十一二岁，我八九岁光景。他是大马，我是小马，我们同一属相。

正因为我是他的女儿，所以我老师对我格外严格。记得有一次，不知道我和同学之间发生了什么事，同学到我老师面前告了状。一上课后，我老师对我大发雷霆，并跳将起来，高高地举起巴掌。我吓得缩了头，静等我老师的那一巴掌，但没有等到，我老师的巴掌停滞在半空中。我老师就是这样一个急性子、软心肠的人，不仅对我如此，对待其他孩子也是如此，很少见到他真正打孩子。

因为他性子急，所以我动作稍慢一点就会遭到我老师的批评。

记得有一次，不知道因为何事，我的动作又慢了半拍，只听见我老师朝我大喊：“小立太哎，小立太！”这一喊，我真的有些生气了。本来我的名字就不好听，杨立新，现在被父亲称作什么杨立太，心里一百个不愿意。现在想想，估计父亲认为只有阔太太才可以慢腾腾地生活，我嘟着小嘴气了半天，没说话。

虽说父亲是老师，但我很少得到父亲的私下辅导，唯独在每年春节写门对子的时候，我老师会让我替他抚平拽平门对纸，待他写好后再拿到地面上晾干。然后，让我也试着写上几句。我通常都是给猪圈、鸡笼写门对子，什么“猪长千斤”，什么“鸡鸭满笼”等。我颤颤地写，想象着我老师刚才的提笔、运笔，写出了一幅幅蚯蚓蜈蚣般的毛笔字。

如今，我老师离开我已经14年了，又一个教师节即将到来，我在心中默默祝福天那边的我老师节日快乐。

我老师，我的启蒙老师，我的父亲。

2017年9月1日

追忆教育家——何炳章先生

何炳章先生，是被我称作“教育之父”的人。

跟随何先生做“自育自学”实验十年来，我深深地敬仰他的为人、做事，深受他的教育思想影响。

何先生对于学生慈悲为怀。

走进教室听课时，他不带茶杯进教室，起初我们尚不明白，后来才知道他是想着孩子们。于是，后来我们也就不太好意思大摇大摆地带着茶杯进课堂了。他心中想着的是孩子，还想着的是校长、老师们。在何先生生病前，他每次到学校参加教学活动时，都是早早地来到学校，静悄悄地来到上课的教室或是举行会议的礼堂里，不愿惊动他人，不给别人添忙。

每每，我的心中涌起的是敬佩。

何先生对于学生的慈悲，是鞠躬尽瘁、死而后已。他多篇文章说到当今孩子的负担重，起得比鸡早，睡得比狗晚，过重的负担严重地影响了孩子们的身心健康发展。他的“自育自学”论，就是为着孩子的全面发展，终生发展。他是真正地践行“以生为本”的教育大家，他一直信奉着的理念是“为学生烧心香”。

记得看过《人民教育》的一期专刊，主题就是践行“以生为本”的教育理念。文章介绍了全国各地不同方面、不同形式的生本课程、生本课堂、生本活动，但都没有何先生的“自育自学”实验全面、系统、深入，特别是没有何先生“引导自学”型课堂这样成熟而有效的“生本课堂”模式。

那时候，我内心升起的是骄傲。

何先生常说，他不比别人聪明，他只是勤于思考。

是的，还有他善于思考。

有一段时间，何先生常常失眠。对于他这样豁达而智慧的人，还有什么想不开的呢？是的，没有想不开，是想得太多、太深了。何先生一直在思考教育，他阅读大量书籍，深入教学第一线，思考教育改革和教育实验。他一直笔耕不辍，以至于用脑过度，脑神经过于兴奋之后，不易于安静下来而导致失眠。

我劝慰何先生：

“您就不要写了，暂时停几天吧。”

何先生呵呵地笑着说：

“我有好多文章要写，就是时间不够啊，晚上又不敢写得太迟，怕失眠。”

何先生的时间不够，是因为他思考得太多。他的“中观指导”论，他的“自育自学”论，他的“自育自学”论之下的“七个子课题”，哪一个不是深入思考、深入教育实践而得出的教育理论实践成果？

偶有和何先生一起用餐，饭后他总是快速离开。每次和何先生电话交流，他总是在事情说完的瞬间，匆匆挂断电话。在多个实验研究的场合下指导发言，何先生也是言简意赅，没有官话、套话，更没有随意的发挥。如果将何先生的发言记录成文，几乎不用删改。他就是这样一位惜时如命之人。

可他惜时如命之时，却不顾生命。

两年前，他被诊断为肺癌，我们内心悲哀。“自育自学”实验正如火如荼地开展，他并没有被病魔吓倒，仍然挂念并参与各个地区和学校的实验工作。就在2017年的春天，何先生还来到荣城花园小学指导庐阳区“自育自学”实验工作。只是那一次，他的身体明显不如以前，我们心中不免有些黯然。

去何先生家里看望他，闲聊时，我以女儿般的心情和何先生说：

“您就放一放实验吧，建议您看看宗教方面的书籍，比如佛教经典。”我看到一道亮光瞬间滑过他的眼睛，继而又是那般坚定。何先生如何能放下这千万学子？他是鞠躬尽瘁，死而后已。

2017年，他一边坚持靶向治疗，一边坚持整理资料，并付诸笔端，又形成了两本专著《何炳章文选第六集》和《实验学校创建三十周年文集》。他可是七十多岁的病人哪。

何先生在治学上是如此勤于思考，善于思考。不仅如此，何先生的严谨认真和毅力也堪称教育界第一人。

何先生的夫人、我的老师许俊真女士常常由衷地说：

“我真是佩服何炳章的毅力!”许老师一边说,还一边竖起大拇指。

有一段时间,我对于何先生的一头黑发表示怀疑,几次想问,可话到嘴边又说不出口。那天,课间休息时,我不知怎么地,脱口而出:

“何主任,您的头发这么黑,是染的吗?”

何先生也不笑,轻轻地回了我一句:“那你说呢?”

多年前,就听许老师说过,何先生每天几个坚持,其中就有每天早晚梳头各100次,这不明摆着是自然黑发吗? 况且,何先生即便有白发,他也不会去染的。

何先生的坚持,可是不一般。

他有著名的言论即是:一般的事情,有不一般的坚持,才会有不一般的结果。

他还告诉我们要坚持读书:在别人不能坚持的时候,你要坚持;在自己不能坚持的时候,还要坚持。

记得若干年前的一次校长论坛上,面对校长那时应酬太多、无暇阅读的状况,何先生说:“即便你应酬很晚回家,靠在床头上,硬撑着眼皮,也要坚持把书翻开,算是今日读书了。”说得校长们哄然大笑。

何先生的坚持,就是这么执着。伴随着他的坚持,还有他做事的严谨和认真。

记得实验过程中,不断地有新老师加入,每一次的研究活动,何先生对实验老师的教案设计都是字斟句酌地修改。记得在上一次的实验年会上,何先生还亲自示范上课。他,一个七十多岁的老人了;他,一个癌症在身的病人。

他,究竟想干什么?

“知我者谓我心忧,不知我者谓我何求?”何炳章文选的扉页上这样写着。

我深深地知道,他是为着孩子们烧心香;我深深地知道,他是为了教育的明天,为了学校师生的共同发展;我深深地知道,他是为了祖国的未来,民族的强盛。

可何先生不知道,他的“自育自学”论已经在师生的教育教学中广泛地生根开花;可何先生不知道,他的“引导自学”课堂已经深得实验老师的认同并很好地践行,特别可喜的是,在非实验老师的课堂中也得以推广运用。

2018年4月份,合肥市小学语文课堂教学评比中,两个赛场第一名选手的课堂中,都在贯彻“生本课堂”的理念,将学生的自学和小组合作应用得切实有效,折服了全市的学科专家们。

最让我后悔的是，2017 年 11 月期间召开的何炳章从教五十周年教育思想研讨会上，因为时间关系，也因为不好意思，我没能抢到话筒发言，未能在来自北京、上海、南京的教育学者面前陈述何炳章先生的“自育自学”实验给我们的学校、教师、学生以及家长们带来的变化和益处。我是一个“自育自学”实验的践行者，我是一直跟随着何炳章先生的实验人，我有着最直接的实验体会。

那日，可以看出何炳章先生难抑内心的激动，但我清晰地记得，何先生身形单薄，脸色灰暗，他的身体正在被病魔吞噬着，可他的教育思想却是那样的光芒四射。

一个非常注重饮食和锻炼的人，怎么会得癌症呢？何先生是太累了，太操心，太焦虑了。养生即养心，他是一直在“忧心”。

一个全心“为学生烧心香”的人，怎么会这么快就离开了我们，何先生的福报呢？据许老师说，何先生是高烧几天后，突然昏迷，而后离世，他走得很平静。何先生走时没有痛苦。

我的“教育之父”，愿您安息。您的教育思想，惠及后人。

2018 年 6 月 4 日

佐藤学和“学习共同体”

当我第二遍细读《静悄悄的革命》一书时，恰逢此书作者、日本教育家佐藤学来福州讲学。一颗追随教育家的心又开始激动起来。

佐藤学在众人的期待中出现了。他花白头发，身着灰色西装，浑身散发着谦逊、儒雅的气息。

一节“学习共同体”的课堂，由福州师大四附小的林莘校长亲自践行。佐藤学和翻译站在离学生稍远的右前方观课，我们在他对面的看台上观课，既看课堂也看佐藤学。佐藤学一直专注地看着课堂，近一个小时的课堂，他几乎没有挪动过地方，静静地站在那儿，手拿录像机和照相机，不停地摄着、拍着。翻译不时地和佐藤学悄悄耳语，佐藤学静默而专注，并没有因为对面看台上有一千多位观课老师而分心。

下午是佐藤学的专场报告，我有一种期盼，想看他是如何来阐述“学习共同体”的。在《静悄悄的革命》一书中，他反复地提到“学习共同体”。

浑身充满活力的佐藤学上场了，这时的佐藤学似乎是另外一个佐藤学。左手拿着话筒，右手拿着翻页笔，右手掌上还戴着一只大大的手表。

他声音洪亮，传向会场的四面八方。他眼睛炯炯有神，直视前方，虽然离得远，但可以感受到他极力传递的信息和力量。他不停地在场内走动，一会面向前方，一会转向左方，再转向右方，他是在和会场上的每一位听者对话交流，倾听讲述。他表情丰富，时而深沉地娓娓道来，时而甜蜜地沉醉一番，时而激动得跳起来，时而又爽朗地大笑。

面对会场上反馈的信息，佐藤学不断地调整演讲内容和演讲方式。一段时间后，瞥一眼手掌上的手表。

演讲进行到一个半小时，有老师成群结队地离开会场，不知是对演讲不感兴趣，还是另有他事。但佐藤学演讲的热情似乎不受一点影响，他仍然是浑身的每一个细胞都充满活力；仍然是双眼炯炯，直视前方；仍然是不断走动，照顾到会场上的每一位老师。

下午2点钟开始的报告，计划4点40分结束。4点38分时，佐藤学的演讲戛然而止，没有任何人做提示，原来他把手表套在手掌上，就是为了方便准确地掌握时间，调控报告内容，准时结束。至此，一位65岁的老人，在演讲台上，不停歇地讲了两个多小时。

细细地回顾一下佐藤学的演讲内容，和他的《静悄悄的革命》一书有些相同之处，也有一些不同。关于“学习共同体”，具体的过程和方法更加明晰了，其蕴涵的意义及理念支撑也阐述得更加深入。

佐藤学先生，首先就林莘校长的“学习共同体”课堂做了简要的点评。他说福建师大四附小的学生们，从表情上看学习非常投入，课堂学习有着很好的成效，每个学生都处于思考当中。U字形的座位，很适合教师走入每个学习小组中，观察、聆听、帮助。观课教师坐在学生边上静静、专注地看小组合作学习，是一种非常低的姿态。

他很谦虚地说，从林莘校长的课堂里学到的是：

老师聆听每个孩子，理解每个孩子。在学习的第一瞬间，老师就能观察到哪些孩子是需要帮助的，并作记录，在学习过程中老师会适时地给予帮助。

老师的话语很柔软。温柔的声音，营造了一个安全的学习环境，孩子们很安心，形成了热衷于学习的状态。

老师在课堂上的工作是“串联”。将孩子与孩子之间，课堂与社会之间，昨天和今天之间进行了串联。

林莘校长的课堂是文学的课堂，每个孩子触摸文字，在脑海里创作意象，用自己的速度和声音进入文学世界。在与作品的反复对话中，延伸世界。

特别是反复阅读、咀嚼文字达到七次，在人与人对话之后，再次回到作品里，和文字对话。小组讨论达到五次，形成了孩子们思维的碰撞，认知上的补充和相互的启发。

建议是：

有时候，小组讨论的时间短了。虽然小组讨论5分钟时间到了，可学生讨论仍然热烈,此时需要延时。小组讨论 10 分钟,可 4 分钟讨论完了,此时可提前结束。学生的思考就如跑步一样,每个学生像跑步一样思考到最后,而不能在跑 100 米时,跑到了 80 米即停下来喝水。

小组同学的发言,只讲个人意见,未讲本组的整体意见。孩子的个性是在协同之下而得到发展的。

再有孩子们在讨论延伸话题时,老师不要抛出太多的话题,让孩子们跟文本之间自我联结。

接下来,佐藤学就"学习共同体"做了专题演讲,主要是从学生的"学习共同体"和教师的"学习共同体"两方面来阐述的。

"学习共同体",是一项教育变革。变革的出发点,是因为教育走向了质的时代。现代社会的发展,需要越来越多富有知识的精英人才。

传统课堂的讲述,已经被主题探究、评价课堂所替代,被单元型课堂所替代。学校已经变成师生共同学习成长的地方,学校是培育教育专家的地方,学校是学生学习的地方。这也是佐藤学走访了 32 个国家、500 多所学校,对学校及课堂观察后研究思考所得。

"学习共同体",主要形式是小组合作学习。小组合作有两种形式,一种是同位的合作,一种是三人或四人小组合作。前一种两人合作,适合一二年级学生;后一种三四人合作,适合三至六年级学生。

在小组合作的人员构成上,不强调强弱搭配,随机生成,但是强调性别组合。佐藤学说,四个男生,就会容易没有思考;四个女生,就会一直地讲啊、讲啊。而男女搭配,并按照 X 型排列,效率则更高。每一个学生的对面和旁边,最好是异性,这才是最好的小组合作。

小组合作,强调聆听。虽然是讨论,但更多的时候是思考和倾听。说话时,不可大声,悄悄耳语最好。交流时,不是说已经知道的,而是讨论未知的。对于相互聆听的关系,佐藤学说,来自于他对美国教育家杜威教育理论的学习应用。

同时,佐藤学在介绍小组合作时,还提出小组合作不需要组长。小组成员的发言可表明自己的观点,也可概括本组的观点。小组讨论的内容是随学生学习而确定,不是由教师事先确定的。

这一点颠覆了我之前关于小组合作学习的理论和方式。

最后,佐藤学提出,小组学习成功的关键:一是声音要小,喃喃自语是最好的；二是跳跃性的学习，一个人做不出来，四个人合作才可以达成，这样才是跳跃性的提升。课堂前半段是教科书上的，后半段是对课外的挑战。

“学习共同体”，一方面是指课堂上学生的学习方式，另一方面是指教师的专业成长方式。

佐藤学说，学校每学期每位教师都要公开自己的课堂，向家长公开，向同伴公开，形成教师之间互相学习的关系，并不断讨论教学方法，再形成自己个性化的教学。

每位教师建立学习愿景，持续不断地学习，让学习变成一种习惯，在学校形成一种学习文化。教师“学习共同体”的形成，会让学校在内涵发展上得到真正的提升。

最后，佐藤学还提出对于“学习共同体”课堂的观摩，教师需坐在学习小组的边上，静静地观察，不参与学生的讨论。

在领会佐藤学提出的“学习共同体”学习方式时，我很自然地联想到本土教育家何炳章先生的“引导自学课堂”。他们两位教育家对于教育都有着本质的理解和把握，在具体操作方式上有很多相同之处，也有着少许的不同。也许是基于国情、教育观念、人性理解上的不同而不同吧。

如果佐藤学和何炳章在一起讨论小组合作，会有怎样的碰撞？

晚餐时，我得以零距离地和佐藤学先生交流，当他得知我看了两遍《静悄悄的革命》一书时，炯炯有神的眼睛闪出一种异样的光芒，开心地笑着，紧紧地握住我的手，然后朝我深深地鞠上一躬。我一时不知道说什么，傻傻地站着，只是一个劲地笑。

2016 年 4 月 12 日

图书在版编目(CIP)数据

笔走课堂 / 杨立新著. — 合肥 : 黄山书社,2019.7
ISBN 978-7-5461-8339-8

Ⅰ.①笔… Ⅱ.①杨… Ⅲ.①小学语文课-课堂教学-教学研究-文集 Ⅳ.①G623.202-53

中国版本图书馆 CIP 数据核字(2019)第 168020 号

笔走课堂 杨立新 著

出 品 人 王晓光
责任编辑 张向奎 代立媛 张墨农
责任印制 李 磊
装帧设计 韩玉英
出版发行 时代出版传媒股份有限公司(http://www.press-mart.com)
黄山书社(http://www.hspress.cn)
地址邮编 合肥市蜀山区翡翠路 1118 号出版传媒广场 7 层 230071
印 刷 安徽国文彩印有限公司
版 次 2019 年 10 月第 1 版
印 次 2019 年 10 月第 1 次印刷
开 本 700mm × 1000mm 1/16
字 数 269 千字
印 张 16.5
书 号 ISBN 978-7-5461-8339-8
定 价 36.00 元

服务热线 0551-63533706
销售热线 0551-63533761
官方直营书店(https://hsss.tmall.com)